2025年版 出る順
中小企業診断士
FOCUS

FOCUS202

テキスト&
WEB問題

5

経営法務

はしがき

＜応用力が問われる１次試験＞

近年の１次試験の傾向として、ただ知識を問うのではなく、知識の本質を問う問題が多く出題されており、出題形式が「知識確認型」から「実務思考型」へ変化しています。

その背景として、現在、中小企業庁は中小企業診断士を積極的に活用し、中小企業を支援する動きが出てきているということが挙げられます。厳しい日本経済の中、中小企業は非常に厳しい環境にあります。そのため、中小企業診断士は、いかに知恵を出して問題を解決していくかが求められており、１次試験も単なる暗記、知識詰め込みでは対応が難しい応用問題が出題されるようになってきています。

このような状況の下、従来の知識網羅型のテキストではなく、各科目の重要項目を整理した『出る順中小企業診断士 FOCUSテキスト＆WEB問題』を開発しました。従来のインプット重視のカリキュラムからアウトプットへ比重を置いたことが、幸いにも多くの受験生の方々から好評をいただきました。

また、引き続き独学の受験生や他校の受講生の方々からは「『出る順中小企業診断士 FOCUSテキスト＆WEB問題』が欲しい」という要望をいただいておりましたので、今回、2025年版を発刊することとなりました。

＜本書の使用方法＞

『2025年版 出る順中小企業診断士 FOCUSテキスト＆WEB問題』を有効に活用するために、Web上に本テキスト使用ガイダンスを公開いたします。以下のURLからアクセスいただきますようお願いいたします。また、二次元コードからもアクセスいただけます。

https://www.lec-jp.com/shindanshi/book/member/

2024年６月吉日

株式会社　東京リーガルマインド
ＬＥＣ総合研究所　中小企業診断士試験部

本書の効果的活用法

『FOCUSテキスト＆WEB問題』を効果的に使って学習を進めるために、各テーマごとの基本的な学習の流れを解説いたします。

使い方 STEP 1 要点を捉える

『FOCUSテキスト＆WEB問題』は、まず「テーマの要点」を把握することから始まります。体系図とあわせてテーマの要約を簡潔に説明していますので、セットで理解するようにしてください。

また、学習後の復習や、本試験直前のスピードチェックも、このパートを読み返すだけでよいように設計されています。

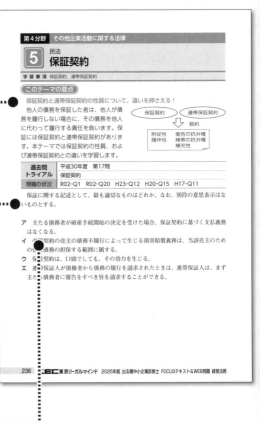

第4分野 その他企業活動に関する法律

5 民法
保証契約

学習事項 保証契約、連帯保証契約

このテーマの要点

保証契約と連帯保証契約の性質について、違いを押さえる！

他人の債務を保証した者は、他人が債務を履行しない場合に、その債務を他人に代わって履行する責任を負います。保証には保証契約と連帯保証契約があります。本テーマでは保証契約の性質、および連帯保証契約との違いを学習します。

過去問 トライアル	平成30年度 第17問
	保証契約
類編の状況	R02-Q1 R02-Q20 H23-Q12 H20-Q15 H17-Q11

保証に関する記述として、最も適切なものはどれか。なお、別段の意思表示はないものとする。

ア 主たる債務者が破産手続開始の決定を受けた場合、保証契約に基づく支払義務はなくなる。

イ 売買契約の売主の債務不履行によって生じる損害賠償義務は、当該売主のための保証人の担保する範囲に属する。

ウ 保証契約は、口頭でしても、その効力を生じる。

エ 連帯保証人が債権者から債務の履行を請求されたときは、連帯保証人は、まず主たる債務者に催告をすべき旨を請求することができる。

使い方 STEP 2 過去問に挑戦する

要点をつかんだら、すぐに「過去問トライアル」で基本的な過去問に取り組んでください。問題は初めての方でも取り組みやすいように、最も基本的な過去問をチョイスしています。

なお、解答は各テーマの最後に記載しています。

＋1 STEP 類題に挑戦する

「過去問トライアル」には、テーマに関連する他の「類題」が示されています。テーマを一通り学習したら、類題にチャレンジしましょう！

いつでもどこでもチャレンジできるように、問題と解説はWEBで公開されています。二次元コードをスマホで読み取れば、すぐにアクセスできます！

なお、令和5年度（R05-Q○○）の後に「(再)」とあるのは、12月に沖縄で実施された再試験の問題です。

購入者サポート 専用WEBページのご案内

『FOCUSテキスト＆WEB問題』は、WEBと連動した新しいテキストです。

専用WEBページを用意しており、「過去問トライアル解説」や「類題」の閲覧・演習をはじめとする様々なサポートのご利用が可能です。

 ## 全テーマ詳細解説付きWEB問題【DL対応】

本書記載の「過去問トライアル」の解説の閲覧や、「類題」の演習をすることができます。本書ではテーマごとに「過去問トライアル」を要点・基礎知識とセットで用意（一部テーマはオリジナル問題でカバー）。WEBでは過去問の詳細解説を見ることができます。

さらに、「過去問トライアル」には類題の出題年・問題番号が表記されています。これらの問題と解答解説も公開しています。

これらはPDFでのご利用も可能ですので、通勤中や外出先での学習にお役立てください。

 ## テーマ別ポイント解説動画【無料視聴】

本書に収録されている全テーマのポイント解説動画を公開します。

LEC講師陣が「このテーマの要点」を中心に、本書を読み進めていくにあたってのポイント、注意点などを簡潔に解説し、「FOCUSテキスト＆WEB問題」での学習をサポートします。
※ご利用には、会員・Myページ登録が必要です。
※2024年8月下旬より順次公開予定です。

 ## 応用編テキスト＋5年分の1次試験過去問【DL対応】

『FOCUSテキスト＆WEB問題』（経営法務）の応用編書籍を2点と、『令和2年度～令和6年度1次試験科目別 過去問題集』（経営法務）の合計3点をWEB上で無料提供します。PDFでのご利用も可能です。
※ご利用には、会員・Myページ登録が必要です。
※2024年12月下旬より順次公開予定です。

 ## 令和6年度1次試験解説動画【無料視聴】

直近の本試験過去問を分析することは、試験対策として必須といえます。LECでは過去のデータや令和6年度本試験リサーチ結果を踏まえ、各科目の担当講師による重要問題を中心にした解説動画を配信します。
※令和6年度中小企業診断士1次試験終了2ヶ月後より配信開始予定です。

ご利用方法

サポート①：全テーマ詳細解説付きWEB問題【DL対応】
サポート②：テーマ別ポイント解説動画【無料視聴】
サポート③：応用編テキスト＋5年分の1次試験過去問【DL対応】

1 以下の二次元コードかURLから「経営法務 ログインページ」にアクセスしてください。

【経営法務】

URL：https://www.lec.jp/shindanshi/focus2025/houmu/

2 以下のID・PASSを入力して専用WEBページにログインし、案内に従ってご利用ください。

【経営法務】

ID：shindanL25

PASS：houmu

※②・③のご利用には会員・Myページ登録が必要です。

サポート④：令和6年度1次試験解説動画【無料視聴】

以下の二次元コードかURLから専用WEBページにアクセスし、「令和6年度1次科目別解説動画」をご視聴ください。

URL：https://www.lec-jp.com/shindanshi/book/member/

購入者サポート専用WEBページの
閲覧期限は **2025年11月23日** 迄です。

目次 Contents

はしがき
本書の効果的活用法
[購入者サポート]専用WEBページのご案内

会社法

知的財産権

その他企業活動に関する法律

会社法

第 **1** 分野

会社法

会社法

1 各テーマの関連

経営法務
　└ 会社法

会社法総論	1-1 会社の種類
株式会社の設立	1-2 会社の設立
	1-3 定款記載事項
株式の種類・譲渡	1-4 株式
株式会社の機関	1-5 機関設計のルール
	1-6 株主総会
	1-7 取締役・取締役会
	1-8 監査役・監査役会
	1-9 会計参与・会計監査人
	1-10 指名委員会等設置会社・監査等委員会設置会社
資金調達	1-11 資金調達
企業再編	1-12 合併・会社分割
	1-13 株式交換・株式移転
	1-14 株式取得・事業譲渡
	1-15 簡易組織再編・略式組織再編
計算書類	1-16 計算書類・剰余金の配当
開示制度	1-17 会社法・金融商品取引法上の開示制度
株式市場	1-18 株式市場・株式の公開（上場）

　中小企業診断士とっては、診断先の「会社」について知るためにも、会社法の理解は非常に重要になります。本テキストでは会社法で規定されている「株式会社の設立」、組織に関する「株式会社の機関」、会社運営をしていく上での「株式の種類・譲渡」「企業再編」「資金調達」「株式市場」、また会社を管理していく上での「計算書類」「開示制度」について学習していきます。

　株式会社の設立では、会社設立までの基本的な流れと手続方法を「1−2　会社の設立」で学習します。株式会社は定款作成から始まりますが、定款については「1−3　定款記載事項」、そして会社の組織形態に関する「1−5　機関設計のルール」を押さえましょう。

　会社を運営していくには、外部から資金を集める必要があり、これは「1−11　資金調達」で学習します。資金調達の方法の1つとして、株式を使った「1−18　株式市場・株式の公開（上場）」が挙げられます。株式は種類により権利の内容が異なり、種類株式については「1−4　株式」で学習します。

　また、会社は運営していく上で、「1−12　合併・会社分割」「1−13　株式交換・株式移転」「1−14　株式取得・事業譲渡」により結合や分割をして戦略的に企業組織を再編することが可能です。このほかにも企業再編には様々な手続が必要ですが、「1−15　簡易組織再編・略式組織再編」による簡易な手続も認められています。本試験では頻出論点になりますので、これらの一連の手続や概要についても押さえてください。

　さらに、会社は、株主と債権者の利害を調整するためにも「1−16　計算書類」の作成と公表、投資家への正確な情報提供を「1−17　会社法・金融商品取引法上の開示制度」で規定されており、それぞれの内容・制度を押さえる必要があります。

2　出題傾向の分析と対策

❶ 出題傾向

#	テーマ	H26	H27	H28	H29	H30	R01	R02	R03	R04	R05
1-1	会社の種類	1				1	1			1	1
1-2	会社の設立							1			2
1-3	定款記載事項										
1-4	株式	1	1	1			1	1	1	1	
1-5	機関設計のルール										
1-6	株主総会	1					1			1	3
1-7	取締役・取締役会	1	1					1	1	1	2

#	テーマ	H26	H27	H28	H29	H30	R01	R02	R03	R04	R05
1-8	監査役・監査役会							1	1	1	2
1-9	会計参与・会計監査人										
1-10	指名委員会等設置会社・監査等委員会設置会社										
1-11	資金調達				1	1	1		1		
1-12	合併・会社分割	1		1	1			1		1	3
1-13	株式交換・株式移転										
1-14	株式取得・事業譲渡	1					1			1	2
1-15	簡易組織再編・略式組織再編				1				1		1
1-16	計算書類・剰余金の配当										
1-17	会社法・金融商品取引法上の開示制度		1			1					
1-18	株式市場・株式の公開（上場）				1		1				

② 対策

　ほぼ毎年３〜４割程度が会社法から出題されます。経営法務においては「会社法」の学習は非常に効率がよい領域になり、頻出論点を押さえることが経営法務合格への近道となります。まず、「機関」に関する問題は、平成18年度〜27年度、令和元年度〜５年度に連続で出題されていますので必ず押さえてください。また、株式（直近ではH23 〜 H28、R01 〜 R04）に関しては頻出論点ですので、重要ポイントをまんべんなく押さえておく必要があります。

　毎年出題されている「企業再編」については対策に注意しましょう。細部の論点を問う難問やケース問題が多く出題されています。重要ポイント・基本的知識を押さえた上で、消去法等の対応により正答率を高めることが重要です。

　経営法務に関しては、基本的知識で正解できる問題を確実に取ること、そして過去問対策により、やや難しい問題の正答率を高めましょう。本テキスト・過去問を活用し、重要論点の整理および過去に出題された問題の問われ方を分析することで得点力がアップします。

MEMO

会社法総論
会社の種類

学 習 事 項 合名会社，合資会社，合同会社，株式会社

このテーマの要点

会社にはどんなものがあるのか？

　会社は、個人では難しい大規模な経済活動を行うことを目的として、または、リスクのある事業を行うことを可能とするものとして社会制度上認められたものです。もっとも、会社法上、会社には株式会社のほかに合名会社、合資会社および合同会社が規定されています。ここでは、いかなる会社が存在するのか学びましょう。

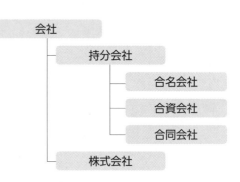

過去問 トライアル	平成22年度　第6問（改題）
	会社の種類
類題の状況	R05-Q5(再)　R04-Q4　R01-Q1　H30-Q1　H26-Q17 H21-Q16　H18-Q3

　会社を設立しようとしているあなたの友人甲と中小企業診断士であるあなたとの以下の会話を読んで、下記の設問に答えよ。なお、A～Dの空欄には、同一語句は入らない。

あなた：「それで設立する会社の種類はどうするのかい。」

　甲　：「会社の種類ってなんだい。株式会社のことじゃないのかい。」

あなた：「株式会社以外にも、　A　、　B　、　C　を設立することができるんだよ。」

　甲　：「へえ。どう違うんだい。」

あなた：「会社法上では、出資者のことを社員というんだけど、その社員の責任の内容が違うんだ。

　　　　　A　というのは、出資者全員が、無限責任社員といって、個人財産で限度なしに責任を負う会社で、逆に、　B　というのは出資者全員が、有限責任社員といって、出資の範囲内でしか責任を負わない会社だよ。」

　甲　：「へえ。そうすると、　C　というのは、なんだい。」

あなた：「　C　は、無限責任社員と有限責任社員と両方の社員がいる会社だよ。」
　甲　：「なるほどねえ。そういえば、ときどき　D　っていう名前も見るけどこれは会社じゃないのかい。」
あなた：「それも会社だよ。でも、平成17年に会社法という法律ができたりしたので、平成18年5月からは設立することができなくなったんだ。」

(設問)

　会話中の空欄A～Dに入る語句の組み合わせとして最も適切なものはどれか。

ア　A：合資会社　　B：合同会社　　C：有限会社　　D：合名会社
イ　A：合同会社　　B：有限会社　　C：合名会社　　D：有限会社
ウ　A：合名会社　　B：合資会社　　C：有限会社　　D：合同会社
エ　A：合名会社　　B：合同会社　　C：合資会社　　D：有限会社

1 会社の種類

[1] 会社の種類

　会社の種類は、持分会社と株式会社に分けられます。持分会社は、社員の人的つながりが強い会社形態であり、小規模閉鎖的な会社です。これに対し、株式会社は、社員の人的つながりは希薄であり、また、多数の社員が経営にかかわることを予定している会社形態です。

　なお、持分会社には、合名会社、合資会社、合同会社があります。

【1-1-1　会社の種類】

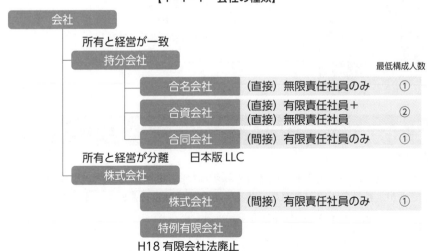

[2] 持分会社の特徴

　社員の人的つながりが強いことから、内部関係については原則として定款自治が認められ、その設計が自由です。そのため、機関についても株式会社のような規制がありません。また、社債の発行ができるようになりました。

　持分会社の設立手続は簡素で、定款作成と設立登記のみです。株式会社のような定款認証が必要ありません。また、持分会社でも現物出資を行うことができますが、不足額填補責任や変態設立事項に関する検査役の調査などは要求されていない点が異なります。

　なお、持分会社の定款には、社員が無限責任社員または有限責任社員のいずれであるかの別を記載しなければならないことになっています。

【1-1-2　各会社形態の比較】

社員=出資者（株主）≠従業員

		所有と経営の関係		
		所有と経営が分離（物的会社）*組織の規律が厳格	所有と経営が一致（人的会社）*組織の内部自治（＝定款自治）が認められる	
出資者（社員・構成員）と会社債権者との関係	全社員（構成員）が有限責任	株式会社（特例有限会社を含む）*間接有限責任社員1名以上	合同会社（日本版LLC）*間接有限責任社員1名以上	有限責任事業組合（LLP）*要登記 *構成員2名以上
	無限責任 最低1人以上の直接無限責任社員（構成員）	－	合資会社 *直接無限責任社員（法人も可能）と直接有限責任社員の計2名以上	－
	無限責任 全社員（構成員）が無限責任	－	合名会社 *直接無限責任社員1人以上（法人も可能）	－
法人格（権利・義務の主体）の有無		あり		なし

2 合名会社

① 定義

　合名会社とは、直接無限責任社員のみからなる会社のことです。小規模の会社形態ですが、社員の人的つながりが強く、実質的には組合といえます。ただ、法人である以上、権利・義務の帰属主体となります。

② 特質

社員が直接無限責任を負うことに対応して、社員は業務執行権と会社代表権を持ちます。所有と経営が一致しており、実質的には、社団というより組合に近い人的会社の典型例です。

組合に近いので、出資の目的は、財産・信用・労務のいずれでもよいです。人的会社であることの帰結です。

株式会社とは異なって、会社財産が重視されないため、退社制度が認められますが、人的会社であることから、他人を会社に関与させるべきではありませんので、他の社員の承諾がない限り、原則として持分の譲渡はできません。また、定款によって持分の譲渡を禁止することもできますので、投下資本の回収方法としては有効とはいえません。

③ 設立

合名会社では、株式会社とは異なって、社員の個人財産に対しても会社債権者は会社に生じた債権を行使できますから、債権者保護の要請は低くなっています。

3 合資会社

① 定義

合資会社とは、直接無限責任社員と直接有限責任社員からなる会社のことです。合資会社も人的会社ですから、その実態は合名会社と大差はありません。

② 特質

各社員は原則として業務執行権を有し、義務を負います。ただし、定款の定めにより業務執行社員を定めることができます。直接有限責任社員が業務執行権を有することが旧商法と異なります。

なお、直接有限責任社員の出資は金銭等に限られ、信用・労務による出資はできません。

4 合同会社

① 定義

合同会社とは、間接有限責任社員からなる持分会社のことです。創業の活発化、共同研究開発、産学連携の促進等を図るために、株式会社よりも柔軟な経営が可能な有限責任の法人を制度化したものです。

② 特質

各社員は原則として業務執行権を有し、義務を負います。ただし、定款の定めにより業務執行社員を定めることができます。

なお、出資は金銭等に限られ、信用・労務による出資はできません。

③設立

社員になろうとする者が、定款作成後、設立の登記をする時までに、その出資にかかわる金銭の全額を払い込み、または、その出資にかかわる金銭以外の財産を全部給付しなければならない点は株式会社と同じです。

持分会社の社員は、会社に対して出資の払戻しを請求することができるとともに、退社した社員が持分の払戻しを請求することができますが、合同会社の場合には、いずれの払戻しについても制限があります。

具体的には、定款を変更してその出資の価額を減少する場合を除き、出資の払戻しの請求をすることができず、また、定款変更を行っても一定限度を超える払戻しはできません。これに対して、持分の払戻しは認められますが、一定の場合には債権者が異議を述べることが可能です。

💬OnePoint　持分会社の特徴

持分会社は、所有と経営が一致していることから、以下のような特徴が認められます。
1. 所有と経営の一致を法律上要求する（業務執行は、社員が行わなければならない）
2. 社員全員で定款を作成し、定款変更には、原則として、社員全員の同意が必要
3. 社員全員の同意がない限り、持分の譲渡も、新社員の加入もできない

5　株式会社

①定義

株式会社とは、社員の地位が、細分化された割合的単位の形式をとり、その社員が、会社に対し各自の引受価額を限度とする間接の有限責任を負うだけで、会社債権者に対しては直接の責任を負わない会社をいいます。

②特質

(1) 所有と経営の分離が認められます（ただし、閉鎖的な会社では、株主も経営に参加する意思が強いので、所有と経営の分離の程度が狭くなります）。

(2) 株主は、間接有限責任しか負いません。

(3) 機関設計の柔軟化が広く認められます。

(4) 対価の柔軟性が認められます（特に合併など）。

(5) 株主の議決権は、一株一議決権とし、資本多数決の原則が妥当します。株主に退社制度が認められないことから、原則として株式の払戻しは認められませんが、株式を譲渡することで投下資本を回収できます。

6 有限責任事業組合

合同会社と類似のものとして有限責任事業組合があります。これは、合同会社では認められなかった構成員課税を認めるべく、イギリスのLLPに準拠したものです。いずれも構成員の全員が有限責任を負い、また、内部関係については組合的規律が適用される点は合同会社と同じですが、有限責任事業組合は組合である以上、法人格は認められず、権利義務の帰属主体とはなりえません。また、株式会社等の会社との間における組織再編行為は認められません。

【構成員課税】

法人等の利益に対して課税されず、構成員の所得に対して課税する課税制度のことでパススルー課税とも呼ばれます。通常、法人の所得を個人に分配する場合、法人税を支払った上で、配当にも課税されますが、構成員課税が利用できる場合、個人の所得税の支払のみで足ります。

【1-1-3 会社・組合形態の比較】

	株式会社	LLC	LLP
資本金	1円以上	1円以上	2円以上
定款認証	必要	不要 （定款の作成は必要）	定款そのものが不要 （契約書）
決算公告義務	あり	なし	なし
配 当	出資割合	自由	自由
課 税	法人課税＋所得税 （二重課税）	法人課税＋所得税 （二重課税）	＊構成員課税 （パススルー課税）
組織変更	LLCに変更可・LLPに変更不可	㈱に変更可・LLPへ変更不可	㈱・LLCへ変更不可
存続期間	なし	なし	あり

● OnePoint　LLPの活用事例

LLPが活用されるのは、法人や個人が連携して行う共同事業です。
具体的には、
・大企業同士が連携して行う共同事業（共同研究開発、共同生産、共同物流、共同設備集約など）
・中小企業同士の連携（共同研究開発、共同生産、共同販売など）
・ベンチャー企業や中小・中堅企業と大企業の連携（ロボット、バイオテクノロジーの研究開発など）
・異業種の企業同士の共同事業（燃料電池、人工衛星の研究開発など）

・産学の連携（大学発ベンチャーなど）
・専門人材が行う共同事業（ITや企業支援サービス分野：ソフトウエア開発、デザイン、経営コンサルティングなど）
・起業家が集まり共同して行う創業

⚥ Keyword

▶ 所有と経営の分離

株式会社の実質的所有者の集合体である株主総会は、本来万能・最高の機関のはずですが、実際には株主に経営の意思や能力がないことが多いです。そこで、株式会社では、株主が業務を執行する取締役等を選任し、原則として、取締役等が経営上の意思決定と執行をします。このように、所有者と経営者が異なることを、所有と経営の分離といいます。

▶ 間接有限責任

間接有限責任とは、株式会社の社員である株主は、会社に対してその有する株式の引受価額を限度とする有限の出資義務を負うだけで、会社債権者に対して何らの責任も負わないことをいいます。

過去問 トライアル解答　**エ**

☑チェック問題

株式会社、合同会社は有限責任を負う者のみで、合名会社、合資会社は無限責任を負う者のみで作られる。　　　　　　　　　　　　　　　⇒×

▶ 合資会社は無限責任と有限責任を負う者の両者で作られる。

MEMO

2 株式会社の設立
会社の設立

学 習 事 項　発起設立，募集設立，設立登記

このテーマの要点

会社設立4つの過程、設立手法を理解！

会社設立手法により手続がそれぞれ異なります。また、登記しなければならない事項もいくつかあります。会社設立には大きく分けて4つのフローが必要です。まず発起人（会社設立の企画者・設立者）により定款（会社の基本ルール）の作成から始まります。そして、会社を運営するために株主となる者が会社に財産を提供し、取締役等の機関を設置します。最後に、本店所在地において登記をすることで株式会社は設立されます。本テーマでは株式会社設立の流れと、その種類について学習します。

過去問 トライアル	平成18年度　第1問（改題）
	会社の設立
類題の状況	R05-Q5(1)　R05-Q1(再)　R02-Q2　H21-Q3　H19-Q2

依頼者A氏から、小規模な会社を設立して新しい事業を行いたいが、会社法ができたことで会社の設立手続に変更があったのかどうか詳しく教えて欲しいとの依頼を受けた。

あなたのアドバイスとして最も適切なものはどれか。

ア　株式会社設立の登記を行う際に、出資の履行が行われたことを示す書面を添付しなければなりませんが、発起設立・募集設立いずれの場合も、当該書面は、銀行預金の残高証明だけで足りることになりました。

イ　取締役会が設置されない小規模な株式会社の場合であっても、発起人が作成した定款に公証人の認証を受ける必要があります。

ウ　会社の設立登記は、法律の定める手続きが終了した日など、一定の日から1週間以内に行う必要があります。

エ　発起設立・募集設立ともに会社設立後の株主総会で取締役等が選任されます。

1 会社の設立

　会社の設立には発起設立と募集設立があり、設立の流れが異なるので試験対策上
注意が必要です。

① 発起設立

　発起設立では、発起人が設立時に発行するすべての株式を引き受けます。

② 募集設立

　募集設立では、発起人が設立時に発行するすべての株式を引き受けず、発起人が
引き受けなかった株式について、引き受けてくれる出資者を募集します。

　なお、いずれの設立方法においても、発起人は必ず1株以上は引き受ける必要が
あります。

【1-2-1　発起設立と募集設立】

2 発起設立と募集設立の違い

　発起設立と募集設立の特徴を理解した上で、それぞれの違いを押さえましょう。

① 払込取扱金融機関の証明

　払込取扱金融機関（銀行・信託会社）への払込時の制度が異なります。

　発起設立：払込金保管証明は必要なく、預金通帳の写しを添付すればよい

　募集設立：払込金融機関による払込保管証明が必要

② 創立総会

　募集設立は発起設立と異なり、発起人以外の不特定多数の株式引受人、出資者が
かかわるため、払込取扱金融機関の証明、創立総会が必要になります。募集設立で

は払込後に創立総会が開催されます。募集設立では、株式引受人によって構成される議決機関が設置されます。具体的には、設立に関する事務の監督や決議を行います。募集設立の機関の選任は、創立総会で決議することができます。

❸設立登記

登記は本店所在地を管轄する法務局（登記所）で行われます。この設立登記は一定の日から2週間以内に行わなければなりませんが、発起設立と募集設立では一定の日の基準が異なります。

発起設立：設立時取締役等の設立手続調査が終了した翌日または発起人が定めた
日から2週間以内

募集設立：創立総会の終結の日の翌日から2週間以内

---

3 設立登記事項

設立登記がなされることにより、法人格が付与され、会社が成立します。設立登記は法人が実在するという証明書に当たり、登記の後でなければ、善意の第三者（当事者間に存在する特定の事情を知らない第三者）に対抗できません。

過去問 トライアル解答 ▶ イ

☑チェック問題

定款は法務局で認証を受けなければならない。　　　　　　　　　　　　　　⇒✕

▶ 定款の認証は公証人から受ける。

MEMO

3 株式会社の設立
定款記載事項

学 習 事 項　定款記載事項，変態設立事項，事後設立

このテーマの要点

変態設立事項および検査役の役割について理解！

本テーマでは定款記載事項
について学習します。会社設
立時の定款には絶対的記載事
項、相対的記載事項（変態設
立事項）、任意的記載事項が
記載されます。試験対策上で
は、絶対的記載事項、変態設

立事項の概要を押さえ、また検査役の調査を要しないケースを理解することが重
要になります。また、財産引受けの潜脱として行われる事後設立についても併せ
て学びましょう。

過去問 トライアル	平成23年度　第1問
	変態設立事項（現物出資）
類題の状況	H22-Q1　H21-Q3　H18-Q1　H17-Q4

A、B、C、Dの4人は、株式会社を設立することを考えている。4名全員が発
起人となり、資本金額は1,200万円を予定しており、各人の出資内容は以下のとお
りである。また、A、B、Cは取締役となり、Dは監査役となる。Dは税理士である。
これに関し、下記の解答群のア～エに示す4人の発言のうち最も適切なものを選べ。

（出資内容）

A：現金50万円、X社株式250万円分（X社は東京証券取引所一部上場企業）

B：商品300万円分

C：現金200万円、什器備品類100万円分

D：現金300万円

〔解答群〕

ア　Aの発言

「私が現物出資するX社株式は、上場企業の株式であるので、定款認証の日の
6か月前から前日までの終値の平均の金額を基準として算定してあれば、検査役
の検査は不要となるはずだ。」

イ　Bの発言

「私が現物出資する商品は、税理士であるDがその金額が相当であることについて証明してくれれば、検査役の検査は不要となるはずだ。」

ウ　Cの発言

「A、Bが現物出資する物について検査役の検査が不要となれば、私が現物出資する什器備品類だけなら100万円分なので、検査役の検査は不要となるはずだ。」

エ　Dの発言

「検査役の検査が必要となると面倒だから、Aが出資する株式は150万円分、Bが出資する商品は250万円分として、それぞれ現金を増やそう。そうすれば、現物出資の総額が500万円だから、検査役の検査は不要なはずだ。」

1　定款の記載事項

　株式会社の設立には、まず定款の作成が必要になります。この定款は、発起人が作成します。作成された定款（原始定款）は、公証人の認証を受ける必要があります。この認証がないと、定款の効力は発生しません。

　この定款は、電磁的記録によって作成することができます。定款には、次の事項を記載します。

[1]　絶対的記載事項

　基本的かつ重要な事項であり、この記載がなければ定款は無効です。

【1-3-1　絶対的記載事項】

①会社の目的	会社の事業目的を記載する。
②商号	会社が自己を表すために用いる名称。
③本店の所在地	最小行政区画（市町村／東京特別区）により記載することが可能。
④設立に際して出資される財産の価額またはその最低額	これに記載された額以上の財産が現実に出資されなければならない。
⑤発起人の氏名または名称および住所	これに記載されたものが発起人となる。定款に発起人として署名した者は、実質的な発起人でない場合であっても、法律上、発起人として扱われる。
⑥発行可能株式総数	株主総会の決議によらず、取締役会の決議だけで発行することができる株式数で、この上限の範囲内であれば、取締役会で自由に株式を発行できる（取締役会設置会社の場合）。 ※公開会社は、発行済株式総数の4倍が上限。

[2] 変態設立事項 (相対的記載事項の代表格)

　発起人の権限濫用が生じやすく、また会社に対する重大な損害を与えかねない一定の事項については、変態設立事項として、特別の規制に服するものとされています。変態設立事項とされるものについては、定款への記載が要求され、また、検査役の調査など、特別な手続が付加されています (詳しくは図表1-3-2参照)。

【1-3-2　変態設立事項】

変態設立事項	意義	趣旨
現物出資	金銭以外の財産をもってする出資。設立時においては、発起人のみがなしうる。	目的物が過大に評価され、成立当初からその財産的基礎が害される事態を防止する。他の出資者との公平。
財産引受け	会社のために会社の成立を条件として特定の財産を譲り受けることを約する契約。開業準備行為の1つ。発起人以外もできる。(例) 製品の原材料を会社の成立後に譲り受けることを約する契約	目的物の過大評価により、会社財産が害されることを防止する。現物出資規制の潜脱防止。
発起人の報酬その他の特別の利益	設立中の会社の機関として行った労務に対する報酬その他の利益。	「お手盛り」により会社財産が害されることを防止する。
設立費用	会社設立に必要な取引行為から生じる費用のうち、会社が負担すべきもの。	無制限な負担により会社の財産が害される事態を防止する。

① 現物出資

　金銭以外の財産をもってする出資です。株式会社の設立の際に現物出資できるのは、発起人に限られます。現物出資する者の氏名・名称・当該財産およびその価格ならびに当該出資者に対して割り当てる設立発行株式の数について、定款に記載しなければなりません。

　例えば、設立時発行株式1株が5万円で発行される場合に、設立時発行株式を100株引き受ける場合、500万円の金銭で出資をするのが原則ですが、500万円相当の不動産や債権を出資することも、400万円の金銭のほか100万円相当の債権を出資することもできます。

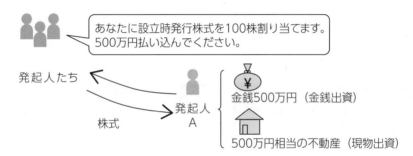

発起人たち

あなたに設立時発行株式を100株割り当てます。
500万円払い込んでください。

株式

発起人
A

金銭500万円（金銭出資）

500万円相当の不動産（現物出資）

②財産引受け

会社の成立を条件として、成立後の会社のために一定の事業用の財産を譲り受ける契約をいいます。

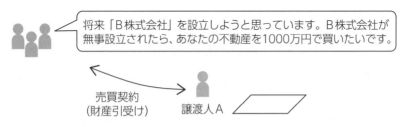

将来「B株式会社」を設立しようと思っています。B株式会社が
無事設立されたら、あなたの不動産を1000万円で買いたいです。

売買契約
（財産引受け）　譲渡人A

財産引受けをする場合、定款には①財産引受けの対象となる財産とその価額、②譲渡人の氏名または名称を定めなければなりません。

譲渡人は会社設立後株主となるわけではありませんが、目的財産を過大に評価してしまうと、会社はその分、損をしてしまいます。そのため、現物出資同様、厳格な規制がされています。

約束どおり1000万円で買ってください。

譲渡人A

100万円の価値しかない

③検査役の調査を要しない場合

変態設立事項は検査役の調査が必要ですが、以下の場合は不要になります。

- **少額の場合**：現物出資財産等で、定款に記載、記録された価格が500万円を超えない場合。
- **目的物が市場価格のある有価証券の場合**：市場価格のある有価証券であり、定款で定める価格がその相場を超えない場合。
- **弁護士等の証明を受けた場合**：定款に記載、記録された価格が相当であるとし

て、弁護士、弁護士法人、公認会計士、監査法人、税理士または税理士法人の証明を受けた場合（目的物が不動産であるときは、不動産鑑定士の鑑定評価も必要）。

2 事後設立の手続と変態設立事項との比較

　事後設立は、時期を少しずらすだけで、財産引受けの規制を免れることがないよう、株主総会の特別決議による承認を得なければなりません。以前は、事後設立に関しても、検査役の調査が必要でした。平成17年の会社法改正で、検査役の調査にかかるコストやスケジュール等、事業運営に障害が生じないよう規制が緩和され、検査役の調査規定は廃止されました。これにより、中小企業における事後設立が機動的にできるようになりました。

　なお、事後設立は変態設立事項ではなく、相対的記載事項でもありません。

【1-3-3　事後設立と変態設立事項との比較】

	現物出資 (注1)・(注2)	財産引受け (注3)	事後設立
内容	金銭以外の財産による出資で、現物出資者は、発起人に限られる	発起人が、会社の設立を条件として、会社のために特定の財産を譲り受けることを、会社の設立前に約する契約	会社の成立後2年以内に、成立前から存在する財産で、事業のため継続して使用するものを、会社の純資産額の5分の1超に当たる対価で取得する契約
原則	①原始定款への記載、記録 ②検査役の調査（検査役の選任は、会社の本店所在地の地方裁判所へ発起人が申し立てる）		①株主総会の特別決議の承認 ②検査役の調査不要
例外	＜検査役の調査を要しない場合＞ ①対象財産の総額が500万円を超えない場合 ②対象財産が市場価格のある有価証券（取引所相場・店頭登録・グリーンシート銘柄）であり、定款で定める価格がその市場価格を超えない場合 ③現物出資・財産引受けが相当であることにつき、弁護士、弁護士法人、公認会計士、監査法人、税理士または税理士法人の証明を受けた場合（不動産の場合には、不動産鑑定士の鑑定評価も必要）		新設合併、新設分割または株式移転により設立された会社は、株主総会の特別決議は不要 (注4)

（注1）資産として計上することが可能で、かつ譲渡可能なものであれば、出資の目的物とすることができる（動産、不動産、有価証券、債権、知的財産権、事業の全部または一部も可能）。
（注2）会社成立時における実価が定款所定の価格に比して著しく不足する場合には、現物出資者および財産引受けの譲渡人である発起人が不足額の填補責任（無過失責任）を負う。
（注3）特定の財産は、積極財産、消極財産の両方の財産を含む事業でもよい。
（注4）会社法467条1項5号括弧書。既に、組織再編行為を行った会社に、再度、株主総会の特別決議を要求する必要はないからである。

☑チェック問題

　現物出資に検査役の調査が不要となる範囲が拡大されたので、現物出資財産について定款に記載された価額の総額が500万円以下であれば、検査役の調査は不要である。　　　　　　　　　　　　　　　　　　　　　　　　　　　⇒○

株式の種類・譲渡
株式

学習事項 株主の権利，種類株式，譲渡制限株式，自己株式

このテーマの要点

株式譲渡は自由であることと、制限される場面を理解！

本テーマでは株式について学習します。株式とは、株式会社における社員の地位を表現する言葉です。株式の譲渡は原則として自由です（株式譲渡自由の原則）。また、株式会社が剰余金の配当、その他の権利の内容に異なる内容を定めた2種類以上の株式の

ことを種類株式といい、9つの種類株式が規定されています。譲渡制限株式は種類株式の1つであり、株式の譲渡制限を付している株式のことをいいます。また、自己株式についても学びます。

過去問トライアル	平成23年度　第17問
	少数株主権
類題の状況	R04-Q1　R03-Q7⑵　R02-Q7　R01-Q6⑵　H28-Q2　H27-Q2 H26-Q3　H25-Q4⑴　H24-Q2　H24-Q6　H23-Q6　H21-Q18 H18-Q16

下表は、株式会社における少数株主からの主な権利行使の決議要件を整理したものである。表の①～③に入る最も適切なものの組み合わせを下記の解答群から選べ。

なお、本問での会社は、非公開会社で取締役会設置会社であることを前提としている。

権利の内容	決議要件	
①	総株主の議決権の	1%以上または300個以上
総会検査役選任請求権	総株主の議決権の	1%以上
総会招集請求権	総株主の議決権の	3%以上
②	総株主の議決権 または発行済株式の	3%以上

取締役・監査役に対する 解任請求権	総株主の議決権 または発行済株式の	3%以上
③	総株主の議決権 または発行済株式の	10%以上

〔解答群〕

ア ①：会計帳簿閲覧請求権　②：会社解散請求権　③：株主提案権

イ ①：会計帳簿閲覧請求権　②：株主提案権　　　③：会社解散請求権

ウ ①：株主提案権　　　　　②：会計帳簿閲覧請求権　③：会社解散請求権

エ ①：株主提案権　　　　　②：会社解散請求権　　③：会計帳簿閲覧請求権

1 株主の権利

① 株式

　株式とは、株式会社における社員の地位を表現する言葉です。この地位を所有する者を株主と呼びます。株式は、細分化された均一的な割合的単位であるため、株主は、出資額に応じて複数の株式を持つことになります（持分複数主義）。この点は、社員が出資の額に応じて大きさの異なる1個の地位を有する持分会社と異なります（持分単一主義）。

② 株主の権利

　株式の所有者である株主の権利（株主権）は、「自益権」と「共益権」に分けられ、共益権は、さらに単独株主権と少数株主権に分けられます。

　会社法制定により、株主は、①剰余金の配当を受ける権利、②残余財産の分配を受ける権利、③株主総会における議決権、を有することが明文化され、自益権および共益権を有することが明示されています。

　自益権はすべて単独株主権ですが、共益権には、議決権、責任追及等の訴え（株主代表訴訟）等の単独株主権のほか少数株主権が定められており、株主間の経営上の意見が大きく異なる場合等に効果的です。

【1-4-1　自益権と共益権】

株 主 の 権 利	**自益権** 株主が会社から経済的利益を受けることを目的とする権利
	共益権 株主が会社の経営に参与し、または業務執行の監督・是正をする権利 **単独株主権** １株でも有していれば行使することができる権利 ／ **少数株主権** 総株主の議決権の一定割合以上または発行済株式の一定割合以上を有する株主のみが行使できる権利

③ 株主平等原則

　株主平等の原則とは、株主が、株主としての資格に基づく法律関係について、その所有する株式の内容および数に応じて平等の取扱いを受けることをいいます。

　株主平等の原則の内容は、①各株式の内容が平等であること（内容の平等）、②各株式の内容が平等である限り、同一の取扱いをしなければならないこと（取扱いの平等）ですが、法律により例外が設けられることもあります（例えば、少数株主権など）。

　株主平等の原則は衡平の観点から明文化されていますが、公開会社でない株式会社については、定款の定めにより、株主の基本的権利について株主ごとに異なる取扱いを行うことができるという例外が認められています。

【1-4-2　株主の権利】

自 益 権		剰余金配当請求権 残余財産分配請求権 新株予約権 株式買取請求権 募集株式の割当てを受ける権利 株主名簿の名義書換請求権
共 益 権		共益権の中心となるのは、株主総会における議決権であり、その他、様々な監督・是正権がある。共益権は、単独株主権と少数株主権に分かれる。
	単 独 株 主 権	議案提出権（会社法304条） 議決権 総会決議取消訴権 設立無効訴権 累積投票請求権 株主代表訴訟提起権 取締役等の違法行為差止請求権

【1-4-3 少数株主権】

権利の内容	議決権数・株式数の要件	保有期間の要件
議題提案権 議案の要領の通知請求権	総株主の議決権の1%以上 または300個以上	6ヶ月前から継続保有[注(2)]
株主総会検査役選任請求権	総株主の議決権の1%以上	6ヶ月前から継続保有[注(2)]
会計帳簿閲覧請求権 財産調査のための検査役選任 請求権	総株主の議決権の3%以上 または発行済株式総数の3% 以上[注(1)]	要件なし
取締役等の責任軽減への異議 権	総株主の議決権の3%以上	要件なし
役員の解任請求権 清算人の解任請求権	総株主の議決権の3%以上 または発行済株式総数の3% 以上[注(1)]	6ヶ月前から継続保有[注(2)]
株主総会招集権	総株主の議決権の3%以上	6ヶ月前から継続保有[注(2)]
会社解散請求権 会社更生手続開始の申立て	総株主の議決権の10%以上 または発行済株式総数の 10%以上[注(1)]	要件なし

注(1) 発行済株式総数は自己株式を除く。
注(2) 非公開会社では、6ヶ月要件はない。

2 種類株式

　資金調達と支配関係の多様化を図るために発行します。定款により、株式の内容と発行可能種類株式の総数を定め、かつ、登記をしなければなりません。

【1-4-4 主な種類株式】

①	優先株	他の株式に比べて優先的取扱いを受ける株式。多くの場合、配当や会社清算時の残余財産を普通株に優先して受ける権利を有する。
	劣後株	配当や残余財産の分配について、他の株式に比べて劣後的内容を持つ株式。既存株主の利益をなるべく損なわずに増資したい場合に用いられる。
②議決権制限株式		全部議決権制限株式と一部議決権制限株式。 <発行総数制限> 　ア．公開会社：発行済株式総数の2分の1 　イ．非公開会社：制限なし
③取得請求権付 （種類）株式		株主がその株式会社に対して株式の取得を請求することができる株式。同株式を発行する場合は、その取得の対価（金銭・株式・社債・新株予約権等）を定款で定めなければならない。

④取得条項付 （種類）株式	株式会社が、一定の事由が生じたことを条件として、強制的にその株式を株主から取得することができる株式。種類株式発行後に同株式に変更する場合は、当該種類株式を有する株主全員の同意が必要。 <敵対的買収の防衛策>
⑤全部取得条項付 種類株式	２つ以上の種類株式発行会社が、株主総会の特別決議によって、そのうちの１つの種類株式の全部または複数の種類株式の全部を取得することができる株式。 <敵対的買収の防衛策>
⑥拒否権付株式 （黄金株）	株主総会等の決議のほか、当該種類株式の種類株主総会の決議を必要とする株式。 <敵対的買収の防衛策>

3 株式の譲渡

[1] 株式譲渡自由の原則

　投下資本の回収方法には、①株式を譲渡する、②出資の払戻しを受ける、という２つの方法があります。株式会社では、資本維持の原則から、出資の払戻しが厳しく規制されているため、①の方法が重要です。

　そして、この株式の譲渡は、原則として自由です（株式譲渡自由の原則）。株券発行会社では、株主の地位（株式）は、株券という有価証券に表章されているので、株式の譲渡は、譲渡の意思表示とともに株券を交付することを要します。

[2] 株式譲渡自由の例外：譲渡制限株式

❶ 公開会社と非公開会社

　発行株式の「全部」に譲渡制限を定めている会社が非公開会社、それ以外は公開会社です。注意が必要なのは、「一部」に譲渡制限を定めている会社は「公開会社」になることです。なお、以下の❷～❹は、非公開会社の場合です。

❷ 承認機関

　承認機関は株主総会決議（普通決議）です。ただし、取締役会設置会社では取締役会決議になります。定款で別の承認機関を定めることも可能です。

❸ 承認期間

　株式会社へ承認請求後、２週間以内に決定通知を出さない場合は、承認したものとみなされます。

❹ 売買価格の決定

　原則として売買当事者間（株式会社と承認請求者）の協議買取通知の日から20日以内に裁判所に対して、売買価格の決定の申立てをすることができます。この場合、裁判所が定めた額が売買価格になります。

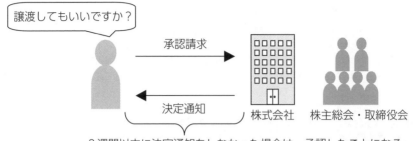

2週間以内に決定通知をしなかった場合は、承認したことになる。

4 自己株式

　自己株式とは、株式会社が有する自己の株式のことをいいます。会社は一定の規制のもとで、自己株式の取得および保有が認められています。

　原則として、剰余金の分配可能額の範囲内でなければ、自己株式の取得をすることはできません。

　また、自己株式の保有期間に特別の制限はありませんが、株主に認められる、共益権（議決権、監督是正権）の行使は会社支配の公正を維持するため認められません。さらに、自益権（剰余金配当請求権、残余財産分配請求権、株式・新株予約権等の割当てを受ける権利）も認められません。

　なお、自己株式の処分をする場合には、原則として募集株式の発行の手続によります。

【1-4-5　自己株式】

メリット	①株式市場の安定化：株式の相互保有解消の際の受け皿 ②組織再編の容易化：吸収合併、吸収分割、株式交換の際、代用自己株式に利用 ③敵対的買収の対抗策
デメリット	①資本維持原則や株主平等の原則に反する。 ②会社支配の公正や株式取引の公正を害する。

	(1)市場取引・公開買付による取得
	株主全員に申込機会を与えて行う取得（ミニ公開買付） <原則> 　株主総会（定時・臨時）の普通決議により、取得する株式の種類・数・額・取得期間（１年以内）を決定し、株主に通知する（公開会社は公告でも可）。 <例外> 　取締役会設置会社は、定款の定めにより取締役会決議で取得できる。
(1)株主との合意に基づく有償取得（合意取得）	(2)市場取引・公開買付以外による取得
	特定の株主からの取得（相対取引） 　株主総会（定時・臨時）の特別決議（授権決議）により、取得する株式の種類・数・額・取得期間を決定し、特定株主に通知（公開会社は公告でも可）する。なお、他の株主への売主追加請求権の通知が必要であるが、下記の場合は通知不要。 (a)市場価格のある株式を市場価格以下で取得 (b)非公開会社が相続人等の一般承継人から取得 (c)原始定款または株主全員の同意による定款変更 (d)子会社からの株式取得
(2)株主との合意に基づかない強制取得	譲渡制限株式の譲渡を承認しない場合において買取等の請求があった場合、全部取得条項付種類株式の取得請求、譲渡制限株式の相続人等に対する売渡請求をした場合（以上、株主総会の特別決議）、取得条項付株式の取得　など
(3)財源規制	（原則）剰余金の分配可能額の範囲内。

過去問 トライアル解答　　**ウ**

☑チェック問題

　非公開会社が、株主の相続人からその相続により承継した自己株式を取得する場合には、売主追加請求権の規定は適用されない。ただし、当該相続人が株主総会ですでに議決権を行使した場合はこの限りではない。　　　　⇒○

株式会社の機関
5 機関設計のルール

学習事項 株式会社の機関, 機関設計のルール

このテーマの要点

それぞれの機関を理解し、機関設計のルールを押さえよう！

　株式会社には株主総会、取締役、取締役会、監査役会等の様々な機関（意思決定する役割を担い、決定したことを実行に移す者）があります。また株式会社は、会社の必要と規模に応じて、様々な機関の設置ができます。ただし、会社の規模いかんによっては、一定の機関の設置が強制されることがあります。本テーマでは株式会社の機関の種類と、その機関の設置ルールについて学習します。

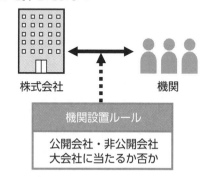

株式会社　　　　　機関

機関設置ルール

公開会社・非公開会社
大会社に当たるか否か

過去問 トライアル	平成22年度　第2問
	株式会社の機関設計
類題の状況	H24-Q18　H23-Q18　H19-Q4

　中小企業診断士であるあなたは、資本金3,000万円で株式会社を設立しようとしているあなたの友人から、設立する会社の組織をどうしたらよいかについて相談を受けた。あなたの友人の希望は以下のとおりであるが、それを前提に友人の希望に沿う組織形態を、あなたがアドバイスするとすれば、最も適切なものはどれか。下記の解答群から選べ。

【あなたの友人の希望内容】

　私を含めて株主は約10名を予定しており、私が1,600万円出資する予定である。会社の運営に当たっては、何でも株主総会で決議できるというのでは支障を来すので、株主総会で決議できる事項を制限し、代表取締役社長の決定で大部分の業務執行を行えるようにしたい。また、当初の役員の人数は必要最小限としたい。

〔解答群〕

ア 取締役1名（うち代表取締役1名）

イ 取締役2名（うち代表取締役1名）　取締役会

ウ 取締役3名（うち代表取締役1名） 監査役1名 会計参与1名
エ 取締役3名（うち代表取締役1名） 取締役会 監査役1名

1 株式会社の機関

試験対策上ではそれぞれの機関の特徴、任期、選任・解任機関について押さえる必要があります。

❶ 取締役・取締役会

取締役会設置会社（取締役3人以上によって構成）における取締役は、取締役会の構成員であり、取締役会を通じて会社の意思を決定し経営に関与していきます。取締役会が設置されていない場合、取締役が会社を代表し直接業務を執行します。

❷ 監査役・監査役会

監査役は、取締役の職務執行を監査し、監査報告を作成する機関です。監査役会は3人以上の監査役によって構成され、その半分以上は社外監査役になります。

❸ 会計参与

取締役と共同して計算書類の作成を行います。公認会計士（もしくは監査法人）または税理士（もしくは税理士法人）でなければなることができません。

❹ 会計監査人

計算書類の監査を行い、会計監査報告を作成します。また会計監査を行います。公認会計士（もしくは監査法人）でなければなることができません。

❺ 指名委員会等設置会社

指名委員会等設置会社（以前の委員会設置会社）は指名委員会、監査委員会、報酬委員会の3委員会を置かなければなりません（それぞれ3人以上の取締役で構成）。指名委員会等設置会社では1人以上の執行役を選任しなければなりません（取締役会で選任）。

❻ 監査等委員会設置会社

監査等委員会設置会社は、監査役会設置会社と指名委員会等設置会社の中間に位置付けられます。すなわち、監査役会設置会社と比較した場合、監査等委員会設置会社では、取締役会の一組織であり、取締役である監査等委員から構成される監査等委員会が監査を行うところに特徴があります。また、監査等委員会設置会社には監査役および監査役会が置かれませんので、社外取締役に加えて社外監査役を2名以上選任する必要もありません。指名委員会等設置会社と比較した場合、監査等委員会設置会社では、指名委員会および報酬委員会を設置する必要がないところが大きく異なります。

【1-5-1 取締役、監査役、会計参与、会計監査人のまとめ】

	取締役	監査役	会計参与	会計監査人
任　　　期	原則2年	原則4年	原則2年	原則1年
任期の伸長	非公開会社では定款の定めで10年まで伸長可			不可
選　　　任	株主総会普通決議			
解　　　任	株主総会普通決議	株主総会特別決議	株主総会普通決議	

※監査役（会）設置会社、指名委員会等設置会社および監査等委員会設置会社は、株主総会に提出する会計監査人の選任・解任および会計監査人を再任しないことに関する議案の内容について監査役（会）、監査委員会および監査等委員が決定します。
※監査等委員である取締役の解任については、株主総会特別決議で決定します。

2　機関設計のルール

　本試験ではケース問題での設問が多くなりますので、ポイントを整理して理解する必要があります。

❶ 原則

　すべての株式会社において株主総会と取締役は必ず設置（所有と経営が分離しているため）。

❷ 強制設置

①「公開会社」は、取締役会を設置しなければなりません（株主が頻繁に変わるため）。なお、公開会社とは、すべてまたは一部の株式について譲渡制限がない会社のことをいいます。他方、非公開会社とは、すべての株式について譲渡制限がある会社のことをいいます。

②「大会社」（資本金5億円以上または負債200億円以上）は、会計監査人を設置しなければなりません（多数の株主や多数の会社債権者が存在するので信頼できる計算書類が必要であるため）。

③「公開会社」かつ「大会社」は、取締役会・会計監査人のほかに、監査役会、監査等委員会または指名委員会等を設置しなければなりません。

❸ 条件付強制設置

①「取締役会設置会社」は、監査役（大会社以外の非公開会社は会計参与に代替可）、監査等委員会または指名委員会等を設置しなければなりません。

②「会計監査人設置会社」は、監査役、監査等委員会または指名委員会等を設置しなければなりません。

③「監査役会設置会社」、「監査等委員会設置会社」および「指名委員会等設置会社」は、取締役会を設置しなければなりません。取締役会非設置会社は、監査役会、監査等委員会または指名委員会等を設置できません。

④「監査等委員会設置会社」および「指名委員会等設置会社」は取締役会のほか

に、会計監査人を設置しなければなりません。また、監査委員会（監査等委員会）が必置の機関であることから監査役・監査役会は設置できません。

【1-5-2　機関設計の選択肢】

規模 株式譲渡制限	非大会社	大会社
譲渡制限あり ＝非公開会社 （＝全株式譲渡制限会社）	取締役 取締役＋監査役■ 取締役＋監査役＋会計監査人 取締役会＋会計参与※ 取締役会＋監査役■ 取締役会＋監査役会 取締役会＋監査役＋会計監査人 取締役会＋監査役会＋会計監査人● 取締役会＋監査等委員会＋会計監査人●● 取締役会＋3委員会等＋会計監査人●●●	取締役＋監査役＋会計監査人 取締役会＋監査役＋会計監査人 取締役会＋監査役会＋会計監査人● 取締役会＋監査等委員会＋会計監査人●● 取締役会＋3委員会等＋会計監査人●●●
譲渡制限なし ＝公開会社	取締役会＋監査役 取締役会＋監査役会 取締役会＋監査役＋会計監査人 取締役会＋監査役会＋会計監査人● 取締役会＋監査等委員会＋会計監査人●● 取締役会＋3委員会等＋会計監査人●●●	取締役会＋監査役会＋会計監査人● 取締役会＋監査等委員会＋会計監査人●● 取締役会＋3委員会等＋会計監査人●●●

注1：●＝監査役会設置会社、●●＝監査等委員会設置会社、●●●＝指名委員会等設置会社（3委員会等：指名委員会＋監査委員会＋報酬委員会＋執行役）
注2：■監査役の権限を会計監査に限定可
注3：すべての株式会社で、会計参与の設置は任意に可能（※は選択的に必要）
注4：株主総会はすべての株式会社において必置

過去問 トライアル解答　エ

☑チェック問題

公開大会社の場合には会計監査人は必要であるが、非公開大会社の場合には、会計監査人は不要である。　⇒×

▶ 公開・非公開にかかわらず、大会社の場合には会計監査人は必要である。

6　株式会社の機関
株主総会

学 習 事 項 株主総会，招集手続

このテーマの要点

株主総会は重要・基本事項について決議！

　株主総会は、企業の実質的所有者である株主により構成される機関ですので、本来は、すべての事項を決定することができるはずですが、取締役会のタイムリーな意思決定と適切な意思決定を確保するため、取締役会設置会社においては、株主総会は、会社法に規定する事項および定款に定められている事項に限り、決議することができます。

```
┌─────────────────────────┐
│ 取締役会                │
│ 業務執行に関する意思決定 │
│   👤👤👤               │
└─────────────────────────┘
       ⬍
    所有と経営の分離
┌─────────────────────────┐
│ 株主総会                │
│ 法律規定事項・定款について意思決定│
│   👤👤👤👤👤          │
└─────────────────────────┘
```

過去問 トライアル	令和元年度　第6問（設問1）（改題）
	株主総会の開催
類題の状況	R05-Q1　R05-Q2(再)　R05-Q4(再)　R04-Q3　H27-Q2(2) H26-Q3　H20-Q3　H14-Q4

　X株式会社（以下「X社」という。）は、取締役会及び監査役会を設置している会社（公開会社ではなく、かつ大会社ではない）である。

　中小企業診断士であるあなたは、2019年1月に、今年（2019年）の株主総会のスケジュール等について、X社の株主総会担当者の甲氏から相談を受けた。以下の会話は、その相談の際のものである。この会話を読んで、下記の設問に答えよ。

甲　氏：「当社の事業年度は、4月1日から翌年3月31日までです。2019年は6月27日（木）に株主総会を開催したいと考えています。株主総会の招集通知はいつまでに発送すればよいですか。」

あなた：「御社では、株主総会に出席しない株主に、書面による議決権の行使や、電磁的方法による議決権の行使を認める制度を設けていますか。」

甲　氏：「いいえ。設けていません。」

あなた：「そうすると、御社は、取締役会を設置している会社ですが、公開会社ではありませんし、また、書面による議決権の行使や、電磁的方法による議

決権の行使を認める制度を設けていないので、 A までに招集通知を発送する必要があります。」

（設問）

会話の中の空欄Aに入る記述として、最も適切なものはどれか。

ア 株主総会の日の1週間前
イ 株主総会の日の2週間前
ウ 原則として株主総会の日の1週間前ですが、定款で1週間を下回る期間を定めた場合にはその期間の前
エ 原則として株主総会の日の2週間前ですが、定款で2週間を下回る期間を定めた場合にはその期間の前

1 株主総会

　株主総会とは、株式会社に必ず設置される最高意思決定機関です。原則として株主全員が参加することが可能で、取締役会非設置の場合にはすべての事項を、取締役会設置の場合には会社法で規定された事項や定款事項等の重要事項について意思決定します。全員参加が可能ということとなると、株主が多数になる場合には図体の大きい恐竜の脳と手足のように意思決定から執行までに時間がかかることになってしまいます。そこで効率化のために、取締役会設置の会社では経営者である取締役会が頭脳で、株主総会は一部の重要事項の最終意思決定をするにすぎません（所有と経営の分離）。

　株主総会における決議は、原則として出席株主の議決権の過半数で行われますが、合併や株主に重要な影響を与える事項については出席株主の議決権の2/3に当たる多数など、要件が厳格になります。

【1-6-1　株主総会の決議の種類】

	要件	具体例
普通決議	議決権を行使することができる株主の議決権の過半数*を有する株主の出席を要し（定足数）、出席株主の議決権の過半数によって決する。	①計算書類の承認 ②剰余金の分配 ③役員（取締役・会計参与・監査役）および会計監査人等の選任・解任（ただし、監査役の解任は特別決議） ④取締役等の報酬決定

	議決権を行使することができる株主の議決権の過半数**を有する株主の出席を要し（定足数）、出席株主の議決権の3分の2以上***の多数によって決する。	①定款の変更 ②資本金の減少 ③事業譲渡 ④解散 ⑤合併等
特別決議		
特殊決議	議決権を行使できる株主の半数以上***、かつ、議決権の3分の2以上***の多数によって決する。	①全部の株式につき譲渡制限をする旨の定款変更 ②一定の合併 ③一定の株式交換 ④一定の株式移転
	総株主の半数以上***、かつ、議決権の4分の3以上***の多数によって決する。	公開会社でない会社が、剰余金の配当、残余財産の分配、および議決権につき、株主ごとに異なる取扱いをする旨を定款で定める場合

*定款により変更可。
**定款により3分の1以上の割合を定めることも可。
***定款によりこれを上回る割合を定めることも可。

2　招集手続

[1]　招集の時期

　株主総会は、毎事業年度終了後一定の時期に開催することを要し、これを定時総会といいます。また、臨時に必要がある場合にも随時開催することができます。これを臨時総会といいます。

　原則として6ヶ月前から引き続き総株主の100分の3以上を有する少数株主も、まず取締役に招集を請求し、それに応じて収集手続がとられないときには、裁判所の許可を得て自ら招集することができます。また、請求の日から8週間以内の日を株主総会期日とする招集がなされないときも同じです。

[2]　招集権者

　取締役会設置会社以外の会社では、取締役の過半数によって、株主総会の招集を決定します。

　取締役会設置会社では、取締役会の決議に基づき、代表取締役が招集するのが原則です。ただ、例外として、少数株主による招集および裁判所による招集命令があります。

　6ヶ月前から引き続き総株主の総議決権の100分の1以上を有する少数株主は株主総会招集手続・決議方法を調査するため裁判所に検査役を選任してもらい、その報告を受けて、裁判所が取締役に株主総会を招集するよう命令することもできます。

[3]　招集の通知

　取締役会設置会社の場合、株主の出席の機会と準備の時間を与えるため、株主に対しては株主総会期日の2週間前（公開会社以外の会社においては、書面または電磁的方法による議決権行使を認める場合を除き、1週間前）に書面により招集通知を発する必要があります。

　招集通知には、会議の目的たる事項などを記載・記録しなければなりません。また、定時株主総会の招集通知の際には、貸借対照表、損益計算書、株主資本等変動計算書、個別注記表、事業報告のほかに、監査役（監査の範囲が会計監査に限定されている者を含む）・監査役会または会計監査人を設置している会社では、監査報告、会計監査報告を提供しなければなりません。これは、株主総会に向けた十分な準備と株主総会における充実した討議を可能にすることを目的としています。

【1-6-2　株主総会招集通知】

株主総会招集通知	非公開会社		公開会社
	取締役会設置	取締役会非設置	
書面や電磁的方法による議決権の行使を認める	株主総会の日の2週間前まで		株主総会の日の2週間前まで
書面や電磁的方法による議決権の行使を認めない	1週間前まで	1週間前まで（定款の定めでさらに短縮可）	

過去問 トライアル解答　▶ ア

☑チェック問題

　株主の事業譲渡についての承認を得るためには、原則として総株主の2/3以上の承認が必要である。　　　　　　　　　　　　　　　　　　　　　⇒×
▶　原則として、議決権を行使できる株主の議決権の過半数を有する株主の出席を要し（定足数）、出席株主の議決権の3分の2以上の多数によって決する。

株式会社の機関

7 取締役・取締役会

学習事項 取締役・取締役会，取締役の員数・任期，取締役の義務と責任

このテーマの要点

取締役・取締役会は株式会社の頭脳と手足！

取締役は、株主総会で選出されます。原則として取締役のみで足りますが、取締役会を設置することも可能となります。この取締役会が設置されている会社では、取締役会によって業務執行が決定され、会社の意思が決定されます。また、その意思を実行する機関として、取締役会の中から代表取締役が選定されます。そして、代表取締役が業務の執行に当たり、対外的に会社を代表するとともに、業務執行の意思決定についても日常の業務の決定を委ねられています。また、権限が強化されていることから、責任についても特別に強化されています。

取締役会設置会社

↑選任
取締役会
↑取締役を選任
株主

取締役会非設置会社

↑↑↑当然に代表取締役
取締役
↑取締役を選任
株主

過去問 トライアル	令和2年度　第6問（設問1）（改題）
	取締役の選任
類題の状況	R05-Q2　R05-Q3　R04-Q2　R03-Q6　H27-Q1　H26-Q2(2) H25-Q18　H24-Q1　H23-Q5　H22-Q2　H21-Q5 H18-Q17　H16-Q4

以下の会話は、X株式会社（以下「X社」という。）の取締役甲氏と、中小企業診断士であるあなたとの間で行われたものである。この会話を読んで、下記の設問に答えよ。

なお、X社は、会社法上の大会社ではなく、かつ公開会社ではない。

甲　氏：「X社は、これまで、私一人が取締役として事業を行っていましたが、今後、会社を大きくしたいので、まず手始めに取締役の人数を増やしたいと思っています。株式会社の機関設計には、いろいろな組み合わせがあると聞いて悩んでいます。どうしたらよいでしょうか。」

あなた：「取締役会を設置するかについては、どのように考えていますか。」
甲　氏：「取締役会を設置したいと考えています。」
あなた：「そうすると、X社では、取締役会を設置するということなので、　A　。」

（設問）
　会話の中の空欄Aに入る記述として、最も適切なものはどれか。

ア　甲氏以外の取締役を選任する場合、取締役は法人でも構いません
イ　取締役の人数については、甲氏を含めて2人いればよく、3人までは必要ありません
ウ　取締役の人数については、甲氏を含めて3人以上必要になります
エ　取締役の人数については、甲氏を含めて4人以上必要になり、そのうち1人は社外取締役でなければなりません

1　取締役・取締役会

[1]　取締役

　取締役は取締役会非設置会社では、会社の業務執行を行う機関であり代表機関でもあります。取締役会設置会社ではその構成員となります。取締役会非設置会社では、取締役は会社の経営者であり、業務の意思決定から執行までをこなしますし、代表者でもあり、会社の顔、手足、頭脳の役割を果たします。取締役会設置会社では、取締役会の構成員として、会社の業務の意思決定をしますし、会社の業務に関する一切の行為をすることができます。

[2]　取締役会

　取締役会は取締役3人以上で構成される、重要な業務についての意思決定、および代表取締役の監督を行う機関です。取締役会は会社の頭脳に相当するとともに、代表取締役を見張る役割も果たしています。

❶重要な業務についての意思決定

　取締役会は意思決定機関として、取締役会設置会社の業務執行を決定します。もっとも、取締役会は非常置機関にすぎないので、意思決定のすべてをこなすことは困難です。そこで、日常業務については、代表取締役にその判断を委任しています。しかし、重要な業務執行については、取締役会における公正・慎重な協議によって決定するのが適切・必要といえます。そこで、重要な業務執行の決定については、取締役会の決議事項としています。主なものとしては、以下の通りです。
(1)　定款に譲渡制限がある場合の譲渡承認
(2)　株式譲渡を承認しない場合の相手方の指定

(3)　重要な財産の処分・譲受け

(4)　多額の借財

(5)　代表取締役の選定・解職

(6)　取締役の競業取引の承認、取締役の利益相反取引の承認

(7)　社債の発行に関する事項

❷業務執行の監督

取締役会は取締役の職務の執行を監督します。この監督権を十分に行使するためには構成員たる取締役が会社の業務・財産の状況を熟知する必要性があり、そのために代表取締役は3ヶ月に1回以上、業務執行の状況を取締役会に報告する義務を負います。

監督は、業務の適法性のみならず妥当性または合目的性にも及びます。取締役会は業務執行の意思決定をなす機関であり、妥当性、合目的性を持った経営判断をなすことが期待されているためです。また、取締役会に取り上げていない事項についても監督の権限を有し義務を負います。

2　取締役の員数・任期

❶取締役の員数

取締役会非設置会社は1人以上、取締役会設置会社は3人以上の取締役が必要です。

❷取締役の任期

原則として2年です。もっとも、以下の通り例外があります。

- 非公開会社（監査等委員会設置会社・指名委員会等設置会社を除く）では、定款により任期を10年まで伸長することが認められます。

- 剰余金の配当等を取締役会で決定する旨の定款の定めを置く会社の取締役の任期は1年です。

- 指名委員会等設置会社、監査等委員会設置会社の取締役の任期は1年です。ただし、監査等委員会設置会社の監査等委員である取締役の任期は、原則として2年であり、定款・株主総会決議で短縮できません。

💬 OnePoint 　社外取締役

2021年3月から施行された改正会社法では、社外取締役が義務付けられています。対象となる会社は、監査役会設置会社（公開会社かつ大会社であるものに限ります）であって、金融商品取引法24条1項により有価証券報告書を提出している会社（いわゆる上場会社）です。以下の要件を満たさない場合には、「社外」取締役の要件を満たしません。

1. その会社・子会社の業務執行取締役等（業務執行取締役、執行役、支配人、使用人の総称です）ではないこと
2. その就任前10年間、その会社・子会社の業務執行取締役等であったことがないこと
3. <u>就任前10年間</u>に一度でも、その会社・子会社の取締役、会計参与、監査役経験がある者（業務執行取締役等になったことがある者は除きます）は、それらに就任する前10年間、その会社・子会社の業務執行取締役等であったことがないこと
4. その会社の経営を支配する者、親会社の取締役、執行役、支配人、使用人ではないこと
5. その会社の別の子会社の業務執行取締役等ではないこと
6. その会社の取締役、執行役、支配人、重要な使用人、会社経営を支配する者の配偶者、二親等以内の親族ではないこと

3 　取締役の義務と責任

[1] 善管注意義務（忠実義務）

　取締役は、民法の委任契約の規定に従い善管注意義務を負っています。会社法はこれを「忠実義務（忠実にその職務を遂行する義務）」と表現しています。こうした義務が課される実際的なメリットは、もしこの義務に反する濫用行為があれば、会社が取締役に債務不履行責任を追及し、また法令違反行為として損害賠償を請求することができる点にあります。

[2] 競業避止義務

　取締役が競業を行うときは、事前に情報を開示し、株主総会の承認（取締役会設置会社においては、取締役会の承認）を得なければなりません。これが競業避止義務と呼ばれるものです。業務の知識・ノウハウに通じた取締役が、会社の利益を犠牲にして自己または第三者の利益を図ることを防止する趣旨です。

[3]　利益相反取引

　取締役が利益相反取引を行う場合にも、特別の規制が存在します。取締役が会社との間で行う直接取引や、会社と第三者間の取引のうち会社と取締役間で利益が相反する取引（間接取引）を利益相反取引といいます。この取引を行う場合、株主総会の承認（取締役会設置会社においては取締役会の承認）が必要となります。こうした利益相反取引の規制も、取締役が会社の利益を犠牲にして自己または第三者の利益を図ることを防止しようとする趣旨です。

❶ 直接取引

　対象となる取引は、会社と取締役との利害が相反し、会社に不利益を与えるおそれがある取引を広く含みます。例えば、取締役が自ら当事者として会社から財産を譲り受けたり、会社に財産を有償で譲渡したり、会社が取締役の債務を免除したりする行為が典型的です。

【1-7-1　利益相反取引（直接取引）】

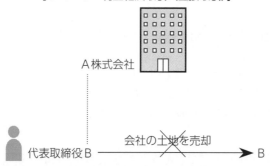

❷ 間接取引

　取締役が金銭を借り入れる際に、会社がその債権者（貸主）との間で保証契約を締結する等、実質的に見て利益相反がある場合についても、この規制の対象となります。

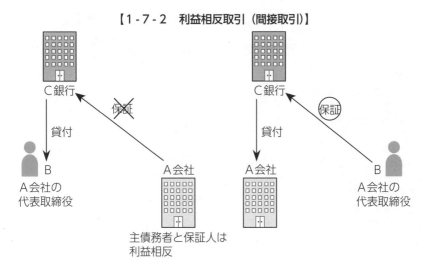

【1-7-2　利益相反取引（間接取引）】

[4]　取締役等の会社に対する責任

　さらに、取締役は、その任務を怠ったときは、会社に対し、これによって生じた損害を賠償する責任を負います。取締役と会社との関係は委任に関する規定に従いますので、取締役が任務懈怠によって会社に損害を与えた場合には、債務不履行責任を負います。しかし、民法の規定のみでは会社の保護が不十分であるので、423条で任務懈怠（けたい）責任が定められています。法令・定款違反行為については当然423条の任務懈怠責任として会社に対して損害賠償をする義務が生じます。そのほか、前述の競業避止義務違反や利益相反取引によって会社に損害を生じたさせた場合にも、取締役は損害賠償義務を負います。

　ただ、この責任について、軽減もしくは免除することもできます。取締役の任務懈怠責任を全部免除するには、総株主の同意が必要です。一部免除は、取締役が任務懈怠につき善意・無重過失であることを条件に、株主総会の特別決議や、あらかじめ定款で定めを置いていた場合には、取締役の過半数の同意（取締役会設置会社においては取締役会の決議）等によってすることができます。なお、取締役がその職務を行うについて、悪意または重大な過失があるときには、その取締役は会社以外の第三者（株主、会社債権者等）に対しても、連帯して損害賠償の責任を負います。

【1-7-3 取締役等の会社に対する責任（原則：過失責任）】

	責任の性質	責任額	責任の全部免除	責任の軽減
任務懈怠責任 <債務不履行責任、競業避止義務違反・利益相反取引(間接取引)>等	過失責任	発生した損害額	総株主の同意	あり（注）
仮装払込み責任（募集株式の仮装払込み、新株予約権の仮装払込み、発起設立・募集設立の仮装払込みの場合も含む）	過失責任 ＊仮装払込みをした取締役・執行役は無過失責任を負う。	金銭出資 払込みを仮装した払込金額の全額の支払い 現物出資 原則として、給付を仮装した現物出資財産の給付	総株主の同意	なし
違法な剰余金の配当等にかかわる責任	過失責任	交付した金銭等の帳簿価額に相当する金銭	不可	分配可能額を限度として総株主の同意により免除可
買取請求に応じた違法な自己株式の取得にかかわる責任	過失責任	分配可能額を超過した額	総株主の同意	なし
剰余金の分配等によって生じた欠損を支払う責任	過失責任	欠損の額 ただし、分配額が上限	総株主の同意	なし
株主の権利の行使に関する利益供与にかかわる責任	過失責任 ＊利益供与をした取締役・執行役は無過失責任を負う。	供与した利益の価額	総株主の同意	なし
自己のためにした会社と取締役または執行役との利益相反取引にかかわる責任	無過失責任	発生した損害額	総株主の同意	なし

（注）役員等が善意・無重過失の場合、次の(1)～(3)の手続により①～③の限度で責任軽減が可能となる。
　　（手続）(1)株主総会の特別決議（事後同意）
　　　　　　(2)定款授権に基づく取締役会決議（事前同意）
　　　　　　(3)定款の定めに基づき、責任限定契約を締結（事前同意）
　　　　　　※責任限定契約の対象者は、業務執行取締役以外の取締役、会計参与、監査役、会計監査人（非業務執行取締役等）に拡大された。
　　（損害賠償の最低責任額）
　　　　　　①代表取締役・代表執行役：報酬等の6年分
　　　　　　②業務執行取締役・執行役・支配人その他の使用人であるものに限る：報酬等の4年分
　　　　　　③取締役（①または②に掲げるものを除く）・会計参与・監査役・会計監査人：報酬等の2年分

OnePoint　損害賠償の例

　例えば、業務執行取締役Ａ（役員報酬１千万円）が任務懈怠により、会社に１億円の損害を与えた場合。

　１億円−（１千万円×４）＝６千万円　→　免除できる金額

　→　最低責任額　４千万円

過去問 トライアル解答 ウ

☑チェック問題

　Ｘ社は、Ａ氏を筆頭株主として、他にＡ氏の友人３名から出資を受けている株式会社である。このＸ社では取締役会および監査役会を設置しており、Ａ氏を代表取締役とし、Ａ氏から就任を依頼された社外取締役Ｂ氏、その他３名の取締役がいる。Ｘ社は取締役会の承認を得たうえで、Ａ氏に対して貸付を行った。取締役Ｂ氏は他の取締役３名とともに当該取締役会に出席し、当該承認にかかわる決議に賛成している。その後Ａ氏は、個人的理由により借入金の弁済が不能となり、会社に損害が発生した。この場合、代表取締役Ａ氏は、当該貸付取引から生じた会社の損害について、故意または過失が存在しないことを証明することにより、損害賠償の責任を免れることができる。　　　　　　　　　　　　　　⇒×

▶ 　「故意または過失が存在しないことを証明することにより、損害賠償の責任を免れることができる」は、「故意または過失が存在しないことを証明しても、損害賠償の責任を免れることができない」の誤り。自己のために利益相反取引（直接取引）をした取締役は無過失責任を負う（会社法428条１項）。

8 株式会社の機関
監査役・監査役会

学習事項 監査役, 監査役会

このテーマの要点

監査役・監査役会は取締役のお目付け役!

監査役は、取締役等の業務をチェックする役員です。有効・適切な監査を行うためには、取締役から独立していることが必要です。また、監査役の監査の範囲は会計の監査のみならず、広く業務監査まで及ぶこととなっています。さらに、監査役会においても、各監査役の独立性は担保されているので、監査役会の決議をもってしても各監査役の権限を制限することはできません。

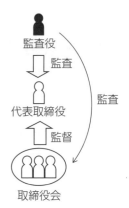

過去問 トライアル	令和2年度 第6問（設問2）（改題） 監査役
類題の状況	R05-Q2 R05-Q4 R04-Q2 R03-Q6 H25-Q5 H24-Q18 H20-Q1

以下の会話は、X株式会社（以下「X社」という。）の取締役甲氏と、中小企業診断士であるあなたとの間で行われたものである。この会話を読んで、下記の設問に答えよ。

なお、X社は、会社法上の大会社ではなく、かつ公開会社ではない。

あなた:「監査役については、何か考えていますか。」

甲　氏:「まだ、どうしたらいいのか決めていません。どうすればよいですか。」

あなた:「会計参与や会計監査人を置くことは考えていますか。」

甲　氏:「いいえ。知り合いの会社でも会計参与や会計監査人は置いていないと聞きましたので、X社でも、置かないこととしたいです。」

あなた:「現在、X社の定款では、全ての株式の譲渡には株主総会の承認を必要とすると定めていますが、これを変更することは考えていますか。」

甲　氏:「取締役会を設ける予定のため、全ての株式の譲渡制限については、取締

役会の承認を必要とするという定款の定めに変更しようと思っています。」
あなた：「これまでのお話をまとめると、今後、X社は、取締役会を設置する、会
計参与や会計監査人は設置しない、定款で全ての株式に譲渡制限に関する
定めを置くという会社にするということでよいですか。」
甲　氏：「はい、そうです。」
あなた：「そうすると、X社では、　B　。」

（設問）
　会話の中の空欄Bに入る記述として、最も適切なものはどれか。

ア　監査役会を設置しない場合、定款の定めにより、監査役の権限を会計監査に関
する事項に限定することができます
イ　監査役会を設置する場合には、監査役は3人以上必要ですが、社外監査役を置
く必要はありません
ウ　監査役を置く代わりに、指名委員会等設置会社にして監査委員を置いたり、監
査等委員会設置会社にして監査等委員を置くことができます
エ　監査役を設置しないこともできます

1　監査役

　監査役とは、株主総会で選任される機関であり、取締役および会計参与の職務執
行の監査を行います。

[1]　監査役の権限の範囲

　監査役は取締役の職務執行を業務および会計の両面にわたって監査します（業務
監査と会計監査）。この監査は、取締役の業務執行が法令・定款に違反するかとい
う適法性監査のみであり、職務執行の妥当性までは含みません。

[2]　監査役の権限の内容

❶取締役に対する報告請求・調査権、子会社調査権
　監査役はいつでも取締役等に対し事業の報告を求め、会社の業務・財産状況を調
査することができます。また、子会社に対しても報告を求め、その業務・財産状況
を調査することができます。

❷取締役会出席・意見陳述権・報告義務、取締役会招集権、株主総会報告義務
　取締役会に出席して必要があれば意見を陳述しなければなりません。法令・定款
違反やそのおそれがあると認められるときは報告しなければならず、取締役会の招
集を求め、場合により自ら招集することもできます。さらに、取締役が株主総会に
提出する議案その他のものにつき違法があれば株主総会に意見を陳述しなければな

りません。

❸ 差止請求権、各種の訴えの提起権、会社・取締役間の訴訟で会社を代表すること

　取締役の法令・定款違反行為により会社に著しい損害が生じるおそれがある場合に、取締役にその行為の差止めを請求することができます。また、各種の訴えの提起権が認められます。さらに、会社と取締役との間の訴訟について、監査役が会社を代表します。

2　監査役会

　大会社（指名委員会等設置会社・監査等委員会設置会社および非公開会社を除く）においては、すべての監査役で監査役会を組織しなくてはなりません。これは、監査役による監査の効率化・情報の共有化を図るためです。

　監査役会は、以前から監査役が有する権限のほか、監査役会の決議をもって監査の方針、監査役会設置会社の業務および財産の状況の調査の方法その他の監査役の職務の執行に関する事項の決定をすることができます。もっとも、この決定は、監査役の権限の行使を妨げることができません（独任制）。各監査役の権限行使を監査役会の決定で阻止できるとすれば、監査役の監督権が実効性を失うからです。

【1-8-1　監査役の員数・任期・選解任】

員　数	監査役の員数は法定されていないので、１人以上の監査役がいればよいです。ただし、監査役会設置会社は、３人以上でその半数以上は社外監査役および１人以上の常勤監査役が必要です。
任　期	原則として、選任後４年以内に終了する事業年度のうち最終のものに関する定時株主総会の終結の時までですが、非公開会社において定款で定めた場合は、最長10年まで伸長できます。
選　任 解　任	選任：株主総会の普通決議によって選任され、取締役会・代表取締役から独立した立場で、常時、業務執行を監査できます。 解任：取締役の場合と異なり、株主総会の特別決議によることとし、監査の適正を確保するため、その地位の安定を図っています。

> **● OnePoint　監査役の資格**
>
> 　監査役の資格は、原則として取締役と同様ですが、監査役は、当該株式会社もしくは子会社の取締役もしくは支配人その他の使用人、子会社の会計参与・執行役を兼ねることができません。これは、このような兼職がなされると、監査役は取締役会に従属することになり、取締役の業務執行を監査することができないおそれがあるためです。

●OnePoint　社外監査役の要件

　社外監査役は、社内の指揮命令関係の影響を受けない立場で発言することで、経営を健全に維持する役割が期待されています。そのため資格要件として会社関係者でないことが要求されています。

　平成26年度の改正では、社外役員になれない人的範囲が広げられ、これまでより一層社外性が求められることになりました。しかし、その一方で、過去に会社関係者となったらその後いつまで経っても社外役員となれないとするのも不合理なので、期間制限も設けられました。

1．その就任の前10年間当該株式会社またはその子会社の取締役、会計参与（会計参与が法人であるときは、その職務を行うべき社員。以下同じ）、執行役、支配人その他の使用人であったことがないこと。

2．その就任の前10年内のいずれかの時において当該株式会社またはその子会社の監査役であったことがある者にあっては、当該監査役への就任の前10年間当該株式会社またはその子会社の取締役、会計参与（会計参与が法人であるときは、その職務を行うべき社員。）、執行役、支配人その他の使用人であったことがないこと。

3．当該株式会社の親会社等（自然人に限る）または親会社等の取締役、監査役、執行役、支配人その他の使用人でないこと。

4．当該株式会社の親会社等の子会社等（当該株式会社およびその子会社を除く）（つまり「兄弟会社」）の業務執行取締役等でないこと。

5．当該株式会社の取締役、支配人その他の重要な使用人または親会社等（自然人に限る）の配偶者、二親等内の親族でないこと。

過去問 トライアル解答　ア

☑チェック問題

　監査役の監査の範囲が会計に関するものに限定されている取締役会設置会社の場合、監査役は、取締役が提出しようとする会計に関する議案については、調査し、法令もしくは定款に違反し、または著しく不当な事項がないときでも、その調査の結果を株主総会に報告しなければならない。　　　　　　　⇒○

第1分野　会社法

⑨ 株式会社の機関
会計参与・会計監査人

学習事項　会計参与，会計監査人

このテーマの要点

会計参与は取締役と会計書類を共同で作成！

会計参与は会社内部において、取締役と共同して計算書類の作成等をする経理のプロです。会社の内部機関で、役員に当たります。会計の素人である取締役を補助し、計算書類の信用性を向上させるために設置されます。ですから、会計参与には、税理士または公認

取締役　　会計参与

共同して会計書類等を作成

会計士の資格が必要です。そして、会計参与を役員として責任を問われる立場にすることで、会社の計算の適正が確保されやすくなります。そうなれば、取引先や取引銀行等からも高い信用が得られることになります。また、既に日本の中小企業では税理士や公認会計士に税の申告書の作成および決算書の作成等を依頼しています。それゆえ、「監査役」を廃して「会計参与」としてもあまりコスト増になりません。

過去問 トライアル	平成23年度　第18問（設問2）（改題）
	会計参与の職務と責任
類題の状況	H23-Q18(1)　H20-Q1

会計参与の職務と責任に関する記述として、<u>最も不適切なもの</u>はどれか。なお、本問の会社は、非公開会社で指名委員会等設置会社・監査等委員会設置会社でない株式会社を前提とする。

ア　会計参与が悪意または重過失により計算書類等に虚偽の記載を行い第三者に損害を与えた場合には、その損害賠償責任を負う。

イ　会計参与は、各事業年度の計算書類等を5年間備え置き、その業務時間内であれば株主や債権者からの閲覧や謄写等の請求に応じる義務がある。

ウ 会計参与は、取締役と共同して計算書類等を作成するとともに、それが適正に表示されているかの意見を付した会計参与報告書を作成する。

エ 取締役会を設置する会社は監査役を置かなければならないが、会計参与設置会社では監査役の設置は不要となる。

1 会計参与

[1] 会計参与

会計参与とは、取締役と共同して計算書類（貸借対照表・損益計算書・株主資本等変動計算書・個別注記表）およびその附属明細書、臨時計算書類ならびに連結計算書類を作成し、会計参与報告を作成する会社の機関です。会社の計算書類の正確性を担保することを目的として設置されます。

指名委員会等設置会社・監査等委員会設置会社でない取締役会設置会社であって公開会社でも大会社でもないものは、監査役を設置しないことも許されますが、その場合には会計参与を置く必要があります。

[2] 会計参与の権限・義務

会計参与には、計算書類の作成等に必要な権限が与えられています。

❶ 会計帳簿・資料の閲覧・謄写権、報告請求権、調査権

会計参与は、いつでも会計帳簿またはこれに関する資料（書面または電磁的記録）の閲覧・謄写を請求することができます。また、いつでも取締役（指名委員会等設置会社では執行役も含む）および支配人その他の使用人に対して会計に関する報告を求めることができます。また、職務を行うために必要があるときは、子会社に対して会計に関する報告を求め、または会社のもしくは子会社の業務および財産の状況を調査することができます。

❷ 報告義務

会計参与は、取締役・監査役と同様、職務を行うに際して取締役・執行役の職務の執行に関し不正の行為または法令・定款に違反する重大な事実を発見したときには、遅滞なく、これを株主（監査役設置会社では監査役、監査役会設置会社では監査役会、監査等委員会設置会社では監査等委員会、指名委員会等設置会社では監査委員会）に報告する義務があります。

❸ 説明義務・意見陳述権

会計参与は株主総会において、株主の求めに応じて説明する義務があります。また、計算書類の作成に関する事項について取締役と意見を異にするときは、株主総会において意見を述べることができます。取締役会設置会社の会計参与は、計算書類およびその附属明細書、臨時計算書類または連結計算書類を承認する取締役会に

出席する義務があります。また必要があると認められるときは、意見を陳述する義務もあります。

　会計参与には計算書類およびその附属明細書、臨時計算書類、会計参与報告を5年間備え置く義務があります。また、株主および会社債権者は会計参与に対して、いつでも、それらの書類の閲覧・交付等を請求することができます。

2　会計監査人

　会計監査人は、株式会社の計算書類（貸借対照表・損益計算書・株主資本等変動計算書・個別注記表）およびその附属明細書、臨時計算書類ならびに連結計算書類を監査し、会計監査報告を作成する会社の機関です。

【1-9-1　会計参与と会計監査人】

	会計参与	会計監査人
意　義	取締役等と共同して計算書類等を作成する会社の機関（役員）。計算書類の記載の正確さに対する信頼を高める。	計算書類等を監査（会計監査）し、法務省令の定めるところにより、会計監査報告を作成することを職務とする者で、会社の機関であるが役員には含まれない。
設置できる会社	すべての株式会社で任意に設置することができる。ただし、大会社以外の非公開会社の取締役会設置会社で監査役を置かない場合のみ設置義務がある。	大会社、監査等委員会設置会社および指名委員会等設置会社は強制設置、それ以外は任意。
資　格	公認会計士・監査法人または税理士・税理士法人	公認会計士または監査法人
	法人が選定されたときは、その社員の中から職務執行者を選定し、会社に通知する。	
任　期	原則2年非公開会社は、定款で10年まで伸長できる。	1年、伸長・短縮は不可定時株主総会で別段の決議がないときは、再任されたものとみなされる（自動再任制）。
員　数	1人以上	

選任 解任	株主総会の普通決議	職務上の義務違反等の重大事由の場合、監査役(会)全員の同意による解任ができる。

※監査役(会)設置会社は、株主総会に提出する会計監査人の選任・解任および会計監査人を再任しないことに関する議案の内容について監査役(会)が決定します。

※指名委員会等設置会社および監査等委員会設置会社は、株主総会に提出する会計監査人の選任・解任および会計監査人を再任しないことに関する議案の内容について監査委員会および監査等委員会が決定します。

過去問 トライアル解答 ウ

☑チェック問題

　会計参与の任期は、監査役と同様であり、原則として選任後4年以内に終了する事業年度の定時株主総会の終結の時までである。　　　　　　　　　　⇒×

▶　会計参与の任期は監査役ではなく取締役と同様であり、選任後2年以内に終了する事業年度の定時株主総会の終結の時である（会社法334条1項）。

10 株式会社の機関
指名委員会等設置会社・監査等委員会設置会社

学習事項 指名委員会等設置会社，監査等委員会設置会社，相違点

このテーマの要点

指名委員会等設置会社と監査等委員会設置会社について押さえよう！

平成26年に会社法が改正され、現在は指名委員会等設置会社と監査等委員会設置会社の2つの委員会設置会社が、会社法上、存在します。指名委員会等設置会社は、以前の委員会設置会社の名称を変更したものです。本テーマでは、指名委員会等設置会社と監査等委員会設置会社について学びます。

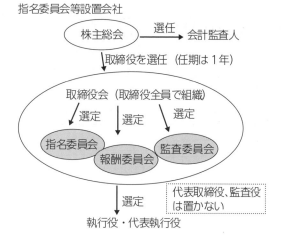

指名委員会等設置会社

過去問 トライアル	平成24年度　第18問（改題）
	機関設計
類題の状況	－

会社法では、機関の設計が柔軟化され監査役を設置しない株式会社も認められる。監査役の設置に関連した説明として最も適切なものはどれか。

ア 株式会社が指名委員会等設置会社の場合は、監査役を設置することはできない。

イ 株式会社が、公開会社でも会計監査人設置会社でもない場合は、監査役を設置することはできない。

ウ 株式会社が、大会社でも指名委員会等設置会社でもない場合は、監査役の設置は任意となる。

エ 株式会社が、大会社でも公開会社でもない場合は、監査役の設置は任意となる。

1 指名委員会等設置会社

指名委員会等設置会社とは、日本における株式会社の内部組織形態に基づく分類の１つであり、取締役会の中に指名委員会、監査委員会および報酬委員会を置く株式会社をいいます。平成26年の会社法の改正に伴い、以前の委員会設置会社の名称を変更したものです。

指名委員会等設置会社の特徴は、取締役会の役割を監督機能に特化させる点にあります。取締役会は様々な場面において経営判断をし、当該判断に基づいて（代表）取締役が職務を行っているか否かを監督する職務まで担っています。しかし、取締役の多くは従業員出身で、実際上は代表取締役の指揮命令下にあり、監督機能を果たす上で不可欠な独立性に欠けていました。また、意思決定（経営判断）に関する負担が大きく、監督機能が事実上形骸化するおそれがありました。そこで、指名委員会等設置会社の取締役会は、会社の業務執行の決定と執行役の業務執行の監督を行うものの、一定の重要事項を除いて業務執行の決定を大幅に執行役に委任することが可能です。

指名委員会等設置会社には取締役会と執行役が置かれ、取締役会の中には指名委員会、監査委員会、および報酬委員会が置かれます。その一方で監査役（監査役会）を設置することはできません。また、常に会計監査人の設置が必要です。

[1] 取締役会

取締役会の権限は、業務意思決定と、個々の取締役および執行役による職務執行の監督です。この点については以前の取締役会とさほど変わりはありません。指名委員会等設置会社における特徴として、取締役は原則として業務の執行をすることはできません（執行役に委ねられる）。ただし、取締役は執行役を兼任することができます。

❶ 取締役会の権限

指名委員会等設置会社の取締役会は、指名委員会等設置会社の業務執行の決定および執行役等の職務の執行の監督が基本的権限です。譲渡制限株式の譲渡の承認の決定、委員会委員の選定・解職、執行役の選任・解任等を除き、指名委員会等設置会社では、指名委員会等設置会社以外の会社では取締役会の専決事項とされている事項についても広く執行役に決定を委任できるのが特徴です。以下のものが取締役会の専決事項です。

- 経営の基本方針
- 監査委員会の職務の執行のため必要なものとして法務省令で定める事項
- 執行役が２人以上ある場合における執行役の職務の分掌および指揮命令の関係その他の執行役相互の関係に関する事項

- 執行役からの取締役会の招集の請求を受ける取締役の決定
- リスク管理システム、コンプライアンスのための内部統制の整備

② 取締役会の招集・取締役会への報告等

指名委員会等設置会社においては、招集権者の定めがある場合であっても、委員会がその委員の中から選定する者は、取締役会を招集することができます。執行役も、取締役会で決定した招集請求を受ける取締役に対し、取締役会の目的事項を示して、取締役会の招集を請求することができ、請求の日から5日以内に、請求日から2週間以内の日を取締役会の日とする招集通知が発せられないときは、自ら招集することができます。

委員会がその委員の中から選定する者は、遅滞なく、当該委員会の職務の執行の状況を取締役会に報告しなければなりません。

執行役も、3ヶ月に1回以上、自己の職務の執行の状況を取締役会に報告しなければなりません。

また、執行役は、取締役会の要求があったときは、取締役会に出席し、取締役会が求めた事項について説明をしなければなりません。

[2] 指名委員会・監査委員会・報酬委員会

会社の経営における重要事項については3人以上の取締役（うち、社外取締役が過半数）で構成される委員会に大きな権限を持たせています（委員の兼務可）。委員会とは、取締役会の内部機関であり、指名委員会、監査委員会および報酬委員会の3つがあります。各委員会の権限は以下の通りです。

① 指名委員会

株主総会に提出する取締役（会計参与設置会社にあっては、取締役および会計参与）の選任および解任に関する議案の内容を決定します。

② 監査委員会

執行役および取締役（会計参与設置会社にあっては、執行役、取締役および会計参与）の職務の執行の監査をするほか、株主総会に提出する会計監査人の選任および解任ならびに会計監査人を再任しないことに関する議案の内容を決定します。

③ 報酬委員会

執行役および取締役（会計参与設置会社にあっては、執行役、取締役および会計参与）の個人別の報酬等の内容を決定します。

[3] 執行役

執行役は、取締役会によって選任され、取締役会の委託を受けた事項については会社の業務執行を決定し、指名委員会等設置会社の業務を執行します。また、通常の株式会社における代表取締役に相当する機関として代表執行役が置かれます。代表執行役は、取締役会によって選定され、指名委員会等設置会社を代表し、業務に

関する一切の裁判上または裁判外の行為をする権限を有します。

　執行役に業務執行権限を与えることにより業務執行と監督を行う機関を分離し、取締役会の監督機能の強化・業務執行の効率性向上を図っています。**これが、指名委員会等設置会社の特徴です。**

2　監査等委員会設置会社

　監査等委員会設置会社とは、取締役3名以上（過半数は社外取締役）で構成する監査等委員会が取締役の業務執行を監査する株式会社のことをいいます。**平成26年の会社法の改正によって導入された制度です。**監査等委員会設置会社は、取締役会の1組織であるとともに、取締役でもある監査等委員から構成される監査等委員会が監査を行うところに特徴があります。監査等委員は取締役ですので、監査役と異なり、取締役会での議決権を有します。また、**監査等委員会設置会社には監査役および監査役会が置かれませんので、社外取締役に加えて社外監査役を2名以上選任する必要もありません。**

　指名委員会等設置会社と比較した場合、監査等委員会設置会社では、指名委員会および報酬委員会を設置する必要がないところが大きく異なります。

【1-10-1　監査等委員会設置会社】

[1] 監査等委員会

　監査等委員会は、３名以上の監査等委員から構成されます。監査等委員は取締役でなければならず、その過半数は社外取締役でなければなりません。

❶ 取締役の選任・資格・任期

　監査等委員たる取締役は、他の取締役に比して独立性が必要なので、株主総会において、監査等委員となる取締役とそれ以外の取締役とを別々に選任する必要があります。

　監査等委員となる取締役は、監査等委員会設置会社またはその子会社の業務執行取締役、支配人、その他の使用人、当該子会社の会計参与、執行役を兼ねることはできません。

　任期は、監査等委員となる取締役は２年、監査等委員以外の取締役は１年です。

❷ 権限

　監査等委員会は、取締役の職務執行の監査、監査報告の作成、株主総会に提出する会計監査人の選解任等に関する議案の内容の決定、監査等委員自身ならびに監査等以外の取締役の選解任・辞任・報酬等についての監査等委員会としての意見の決定を行います。

　また、取締役の法令または定款違反行為で会社に著しい損害が生じるような場合、その行為をやめるよう取締役に請求でき、たとえ招集権者の定めがあっても、監査等委員会が選定する監査等委員は取締役会を招集できます。

　なお、監査等委員会および監査等委員の権限は、指名委員会等設置会社の監査委員会および監査委員の権限と同じです。

[2] 取締役会

　監査等委員会とは別に存在する取締役会は、監査等委員会のメンバーたる取締役とその他の取締役で構成され、業務執行や内部統制に関する事項を決定し、取締役の職務執行の監督、代表取締役の選定および解職を行うことができます。そして、監査等委員会設置会社における取締役会の権限は、原則としては、大会社かつ、監査役会設置会社である会社における取締役会の権限と同じです。

　取締役会は、重要な財産の処分、多額の借財等に相当する事項、その他重要な業務執行の決定を取締役個人に委任することはできません。しかし、取締役の過半数が社外取締役である場合は、取締役会決議により、一定の重要な業務執行の決定を取締役に委任できます。また、一定の重要な業務執行の決定の全部または一部を取締役に委任する旨を定款で定めることもできます。

3　監査役会設置会社・監査等委員会設置会社・指名委員会等設置会社の相違点

　監査役会設置会社における監査役会、監査等委員会設置会社における監査等委員

会および指名委員会等設置会社における監査委員会の主な相違点は下記の表の通りです。

【1-10-2　各会社の監査役会・監査等委員会・監査委員会の相違点】

	監査役会設置会社における監査役会	監査等委員会設置会社における監査等委員会	指名委員会等設置会社における監査委員会
構成	3名以上の監査役 半数以上は社外監査役	3名以上の取締役（監査等委員） 過半数は社外取締役	3名以上の取締役（監査委員） 過半数は社外取締役
構成員の取締役会での議決権	なし	あり	あり
選任・選定	株主総会で選任	株主総会で選任（監査等委員以外の取締役とは区別）	取締役の地位：株主総会 監査委員会の地位：取締役会
解任・解職	株主総会の特別決議	株主総会の特別決議	取締役会決議（監査委員としての地位の解職） 株主総会の普通決議（取締役としての地位の解任）
任期	4年（短縮不可、公開会社でない場合は10年まで伸長可）	2年（短縮不可）	1年
権限	適法性監査	適法性・妥当性監査	適法性・妥当性監査
業務執行者	代表取締役・業務執行取締役	代表取締役・業務執行取締役	執行役
業務執行者に対する重要な業務執行の決定の委任	原則：重要な業務執行の決定の委任は不可 例外：特別取締役を選定している場合、重要な財産の処分・譲受けおよび多額の借財について特別取締役への委任は可能	原則：重要な業務執行の決定の委任は不可 例外： ①特別取締役を選定している場合、重要な財産の処分・譲受けおよび多額の借財について特別取締役への委任は可能 ②取締役の過半数が社外取締役である場合または定款の定めがある場合、一定の事項を除き、重要な業務執行の決定を特定の取締役に委任可能	一定の事項を除き、重要な業務執行の決定を特定の執行役に委任可能

☑チェック問題

　監査等委員会設置会社における監査等委員会は取締役の一員であるが、監査等委員となる取締役とそれ以外の取締役とを別々に選任する必要がある。　⇒○

MEMO

第1分野　会社法

11 資金調達
資金調達

学習事項 募集株式, 新株予約権, 社債

このテーマの要点

募集株式の発行手続の概念を理解する！

本テーマでは資金調達を学習します。資金調達方法としては、借入や企業間信用といったものがありますが、ここでは、募集株式の発行、新株予約権および社債について学びます。新株予約権については、原則として募集株式の発行の手続に準じる

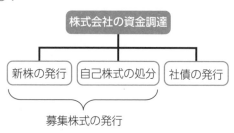

ので、まずは募集発行の手続を学習することが重要です。また、社債については、多くの人々からの資金調達という点では、募集株式の発行と同じですが、株式会社の構成員か否かで異なる点が重要です。なお、社債は持分会社での発行も認められています。

過去問トライアル	令和元年度　第5問
	募集株式と募集社債との比較
類題の状況	R03-Q1　H30-Q4　H29-Q3(1)　H23-Q19　H22-Q19 H21-Q18　H19-Q3　H18-Q14

株式と社債の比較に関する記述として、最も適切なものはどれか。

ア　株式：会社が解散して清算する場合、株主は、通常の債権者、社債権者等の債権者に劣後し、これら債権者の債務を弁済した後に残余財産があれば、その分配を受ける。

　　社債：会社が解散して清算する場合、社債権者は、通常の債権者に常に優先し、これら債権者の債務の弁済前に、弁済を受けることができる。

イ　株式：株券を発行する旨の定款の定めのある公開会社は、当該株式に係る株券を発行しなければならない。

　　社債：募集事項として社債券を発行する旨を定めている場合、会社は当該社債に係る社債券を発行しなければならない。

ウ　株式：株式の対価として払込み又は給付された財産は、全て資本金の額に組み

LEC東京リーガルマインド　2025年版 出る順中小企業診断士 FOCUSテキスト＆WEB問題 経営法務

入れられる。

社債：社債の対価として払い込まれた金銭は、全て資本金の額に組み入れられる。

エ 株式：株式引受人の募集は、有利発行ではない場合であっても、公開会社・非公開会社を問わず、株主総会の決議事項である。

社債：社債の引受人の募集は、公開会社・非公開会社を問わず、株主総会の決議事項ではない。

1 募集株式の発行

募集株式を発行するには、株主割当ての方法とそれ以外の方法があります。株主割当てとは、株主に割当てを受ける権利を与えて募集株式の発行を行う場合をいいます。それ以外の方法には、公募発行（広く一般投資家から募集株式を引き受ける者を募集する方法）と第三者割当て（特定の第三者〈取引先、一部の株主等〉に募集株式を割り当てて資金を調達する方法）があります。

[1] 募集株式の発行手続

株主割当てと株主割当て以外、また株主割当て以外でも通常発行と有利発行に当たる場合も発行手続が異なります。本試験に向けて、それぞれの発行手続の違いを明確に理解してください。

有利発行とは、株主以外の第三者に対して特に有利な価格で、新株を発行する手続をいいます。有利発行が行われると他の株主との公平性が失われます。

① 発行パターンがどれに該当するかを確認

【1-11-1 募集株式発行のパターン】

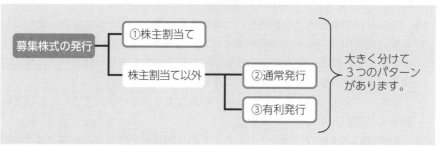

② 株主割当ての場合（決定機関）

非公開会社では株主総会特別決議、公開会社では取締役会決議となります。

【1-11-2　株主割当てによる募集株式の発行手続】

	通常発行
非公開会社	株主総会特別決議
公開会社	取締役会決議

❸ 株主割当て以外の場合（決定機関）

　株主割当て以外の方法（公募発行や第三者割当て）により募集株式の発行が行われると、既存株主に影響を及ぼすことになります。このため既存株主保護のための規定が多く設けられています。

　通常発行では、非公開会社は株主総会特別決議、公開会社では取締役会決議となります。有利発行の場合は、公開会社であるか否かを問わず株主総会特別決議が必要です。また有利発行の場合は、取締役は有利発行を必要とする理由を、株主総会で説明することが必要である点も押さえておきましょう。

【1-11-3　株主割当て以外による募集株式の発行手続】

	通常発行	第三者への有利発行
非公開会社	株主総会特別決議	株主総会特別決議
公開会社	取締役会決議	株主総会特別決議

❹ 公開会社における募集株式の割当て等の特則

　公開会社では、資金調達の機動性を重視して、有利発行に当たらない限り、募集株式の発行は取締役会決議のみで行うことができました。しかし、募集株式発行の結果、支配株主の異動が発生する場合には、合併等に準じる「公開会社の経営の在り方に重大な影響を及ぼすことがありうる」ことから、これを取締役会のみで決定できるのは合併等と比べても不均衡であるとして、平成26年会社法改正により、第206条の2という条文が設けられています。

① 　公開会社が支配株主の異動を伴う募集株式の割当て等を行う場合、株主に対して、特定引受人にかかわる情報等について事前に通知・公告等を行います。ただし、その特定引受人がその公開会社の親会社等である場合や株主に株式の割当てを受ける権利を与える場合は通知しなくてよいです。

　なお、総株主の過半数を超える議決権を有する株主が出現するときには支配株主の異動があるとしています。

② 　総株主の議決権の10分の1（これを下回る割合を定款で定めた場合はその割合）以上の議決権を有する株主が、上記の通知または公告から2週間以内に反対の通知をしたときは、公開会社は、上記の特定引受人に対する募集株式の割当て等について、株主総会の普通決議による承認を得なければなりません。ただし、財産状態の著しい悪化・会社の事業の継続のため緊急の必要があるときは、株主総会決議は不要となります。

[2] 募集株式発行時の現物出資〜設立時と比較して緩和〜

　募集株式発行時の現物出資についても、原則として、検査役の調査が必要ですが、設立時と比較して緩和されています。少額免除、有価証券に関する免除、弁護士等の証明がある場合の免除は、設立時と同様（「定款に記載された価額」は、「募集事項として決定された価額」とする。）ですが、少数免除とDESの場合も検査役の調査が不要です。

【1-11-4　少数免除・DES】

対象	現物出資
少数免除	現物出資者に割り当てる株式総数が発行済株式総数の1/10を超えない場合
デット・エクイティ・スワップ　DES　※（債務の株式化）	現物出資財産が、会社に対する金銭債権（弁済期が到来しているものに限る）であって、当該金銭債権について募集事項として株主総会で決定された価額が当該金銭債権にかかわる負債の帳簿価額を超えない場合

※債務を負う会社に対する貸付金等の金銭債権を株式化することで、貸借対照表の負債が減少し、その分、資本が増加します。貸付金のままであれば、いずれ弁済しなくてはなりませんが、株式化すれば、弁済する必要がなくなります。

🔑 Keyword

▶　**第三者への有利発行**

　第三者への発行が特に有利な発行価額によるときは、上述した通り、その理由を開示した上で、株主総会特別決議による承認が必要となります。なお、有利な発行価額とは、公正な発行価額と比較して特に低い価額をいい、公正な発行価額というのは、新株の発行により企図される資金調達の目的が達せられる限度で旧株主にとって最も有利な価額であるとされています（最判昭50.4.8）。ただ、明確な基準はないものの、一般的には妥当な価格との乖離幅10％が目安とされることが多いです。上場企業についてですが、日証協指針では、証券会社は、株主総会決議を経ずに第三者割当増資を行う会社に対して、「株式の発行に係る取締役会決議の直前日の価額（直前日における売買がない場合は、当該直前日からさかのぼった直近日の価額）に0.9を乗じた額以上の価額」を払込金額とするよう要請することが求められています。言い換えると、「株式の発行に係る取締役会決議の直前日の価額（直前日における売買がない場合は、当該直前日からさかのぼった直近日の価額）に0.9を乗じた額」を下回る場合、第三者割当増資を行う上場会社は、株主総会特別決議が必要になるということです。

　新株予約権とは、株式会社に対して行使することにより当該株式会社の株式の交付を受けることができる権利をいいます。新株予約権は、行使できる期間が決まっていて、その期間内であればいつでも新株予約権者の判断で権利行使ができます。つまり、新株予約権は、新株予約権者がその権利を行使することによって新株が発行されるので、新株引受契約の予約をしておいてそれを実行する権利のことです。

　新株の発行と同様に有償で発行することも、無償で発行することもできます。発行手続に関しては、新株発行に準じます。

【1-11-5　新株予約権の仕組み】

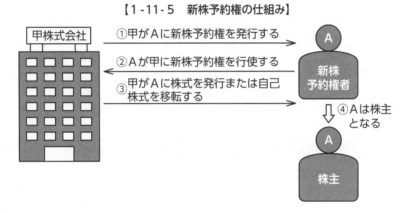

　新株予約権には、以下のような機能があります。

❶ 資金調達としての機能

　将来に一定の価額を支払えば、その決まった価額で目的物を取得することができる権利のことをコール・オプションと呼びますが、新株予約権は株式のコール・オプションたる一種の金融商品として、資金調達の機能を持ちます。株式そのものを発行するだけでなく、株式を購入できる権利を発行して資金調達を図ることによって、より柔軟な資金調達が可能になります。

❷ ストック・オプションとしての機能

　ストック・オプション（自社株式購入権）とは、インセンティブ報酬として一定の期間（権利行使期間）内にあらかじめ定められた価額（権利行使価額）で、会社から株式を取得することができる権利をいいます。権利行使期間内に会社の業績が向上して株価が権利行使価額を上回った場合、この権利を行使することによって、株価と権利行使価額との差額分の利益が得られます。

　取締役や使用人（従業員）等に対してストック・オプションを付与することにより、会社の業績向上を目指して努力するインセンティブを与えることが可能になります。

❸ 買収防衛策としての機能

　敵対的買収に対して、いわゆるポイズン・ピル（毒薬条項）としての機能を発揮します。ポイズン・ピルとは、既存株主に対して新株予約権を割り当てておき（この予約権は株主にとっては有利な内容で株式へ転換できる条件とする）、敵対的買収者が現れた場合に、既存株主が予約権を行使して株式へ転換するよう勧めることで、買収者の議決権割合と、持っている株式の価値を下げる一方、買収にかかる総費用を上げるという方策です。これにより買収者の意思をくじいて、経営陣が時間的な余裕を得て、交渉が買収者のペースで一方的に進むことを阻止したり、他の友好的な買い手と交渉を進めたり、といった対応をとることができます。

❹ 新株予約権の発行手続

　新株予約権の発行手続は、基本的に募集株式の発行手続とほとんど同じです。新株予約権を発行するには、公開会社では、原則として、取締役会の決議により、特に有利な条件で発行する場合には、株主総会の特別決議が必要になります。非公開会社では、原則として、株主総会の特別決議が必要です。

3　社債

　社債とは会社法の規定により、会社が行う割当てにより発生する当該会社を債務者とする金銭債権です。社債については、募集株式と対比しながら学習を進めると理解しやすくなります。

❶ 社債発行の手続

　取締役会設置会社では取締役会決議により社債を発行できます。それ以外の会社では取締役（過半数）の決定となります。また、社債券の発行は任意です。

❷ 発行できる会社

　株式会社だけではなく、持分会社（合同会社・合資会社・合名会社）も発行が可能になります。

❸ 社債管理者の設置

　会社が社債を発行するときは社債管理者の設置が必要となります。社債を保有する投資家の利益を保護する立場にあるのが社債管理者です。ただし、次の場合には社債管理者の設置義務は免除されます。

- 1単位1億円以上の社債だけを発行する場合
- 全部で50単位未満しか発行されない場合

　社債管理者になることができるのは、銀行、信託会社または担保付社債信託法による免許を受けた会社などに限られています。なお、令和3年3月より、社債管理者と比べて責任と権限が限定された「社債管理補助者」が創設されました。社債管理補助者は、担保付社債である場合を除き、上記例外に該当する場合には、社債権

者のために、社債の管理の補助を行うことができます。具体的には、社債権者のために破産手続で債権の届出をする権限、社債権者の請求等により社債権者集会を招集する権限等が認められています。これは、社債管理者の権限が広範かつ資格要件が厳格であるため、設置コストが高く、社債管理者のなり手の確保が難しいことから、責任やコストの低い制度として設けられたものです。社債管理補助者には弁護士及び弁護士法人等が想定されています。

④ 社債権者集会

債権者は、社債の種類ごとに社債権者集会を組織することができます。社債権者集会は、法律に規定する事項および社債権者の利害に関する事項について決議をすることができます。社債の金額の合計金額に応じて議決権を有します（出席した議決権者の2分の1超の同意）。

【1-11-6　社債と募集株式】

	募集株式	社債
目的	一般公衆から長期かつ多額の資金を調達する	
会社に対する地位	社員たる地位	債権者
発行手続	原則として株主総会 公開会社は取締役会が決定	取締役会設置会社は取締役会だが、それ以外は取締役の決定
収益の形態	分配可能額があれば剰余金として配当	会社の利益の有無にかかわらず利息を受ける
経営参与権	議決権、監督是正権	なし
団体的行動	なし（株主総会でも個人行動）	社債管理者制度、社債権者集会制度
発行可能な会社	株式会社のみ	すべて

4　その他社債と資金調達方法

① 新株予約権付社債

新株予約権付社債とは、新株予約権を付した社債のことをいいます。新株予約権は、株式を一定の条件で取得するための権利で、新株予約権の行使があると、社債部分の金額が、そのために払い込まれたとみなされます。新株予約権の行使によって発行される株式数や、新株予約権を行使できる期間などは、あらかじめ決められているので、新株予約権の分離譲渡はできません。新株予約権付社債は、新株予約権に関する規定と、社債に関する規定との両方が適用されます。発行手続は、新株予約権の発行手続と同じです。

② 金融機関等からの資金調達

指名委員会等設置会社を除く取締役会設置会社においては、多額の借入には、取

締役会決議が必要です。金融機関等からの資金調達としては、当座貸越（とうざかしこし）、預金担保借入、商業手形担保借入、商業手形割引、不動産担保借入等による短期・長期の借入金があります。

過去問 トライアル解答　**イ**

☑チェック問題

　株式会社が社債を発行するためには、取締役会設置会社では取締役会の決議が必要である。　　　　　　　　　　　　　　　　　　　　　　　　⇒○

12 企業再編
合併・会社分割

企業再編

学習事項 合併，会社分割

このテーマの要点

企業再編の最も基本である合併・会社分割を学ぶ！

　会社は企業戦略や、会社の経済的な効率を上げる目的で、結合や分割をして企業組織を再編することができます。本テーマでは企業再編のうち、合併と会社分割を学びます。合併・会社分割では、会社の財産的基礎に大きな影響を与えるので、株主と会社債権者の保護についてよく押さえる必要があります。

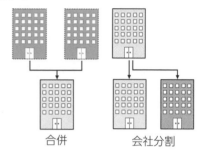

合併　　　　　会社分割

過去問トライアル	令和4年度　第5問
	吸収分割と事業譲渡
類題の状況	R05-Q6(1)(2)　R05-Q7(再)　R02-Q5　H29-Q2　H28-Q3 H26-Q18　H25-Q1　H25-Q14(1)　H24-Q3　H24-Q4 H23-Q2　H23-Q3　H22-Q4　H20-Q4

　以下の会話は、X株式会社（以下「X社」という。）の代表取締役甲氏と、中小企業診断士であるあなたとの間で行われたものである。この会話に基づき下記の設問に答えよ。

　なお、本問における甲氏とあなたとの間の会話内の会社分割は、吸収分割のことを指している。

甲　氏：「弊社の事業の一部であるβ事業の業績が芳しくないので、β事業を他の会社に売って、弊社の経営資源をα事業に集中したいと思っています。先日、資本関係にない株式会社であるY社から、β事業を買いたいという話がありました。Y社の担当者によれば、方法としては、事業譲渡の方法と会社分割の方法があり、会社分割は吸収分割とのことでした。私は、β事業を売った対価を金銭としたいと思ったのですが、事業譲渡と会社分割とでは違いが生じるのでしょうか。」

あなた：「　A　。」

甲　氏：「なるほど。その後、私が、弊社の経理部長乙氏に意見を聞いたところ、

乙氏は、『これを機会にＹ社の株式を取得して、Ｙ社との関係を深めてはどうか。』と話していました。β事業を売った対価を株式とすることは、事業譲渡と会社分割のいずれでもできるのでしょうか。」

あなた：「 B 。」

甲　氏：「ありがとうございます。事業譲渡によるのか、会社分割によるのかは、弊社内で再度検討します。ところで、事業譲渡と会社分割の手続きを少しお聞きしたいのですが、それぞれの手続きで違うところはあるのでしょうか。」

あなた：「 C 。」

甲　氏：「分かりました。ありがとうございます。」

（設問１）

会話の中の空欄ＡとＢに入る記述の組み合わせとして、最も適切なものはどれか。

ア　A：事業譲渡の場合では対価を金銭とすることはできますが、会社分割の場合では対価を金銭とすることはできません

　　B：事業譲渡の場合では対価を株式とすることはできませんが、会社分割の場合では対価を株式とすることはできます

イ　A：事業譲渡の場合では対価を金銭とすることはできますが、会社分割の場合では対価を金銭とすることはできません

　　B：事業譲渡の場合でも、会社分割の場合でも、対価を株式とすることはできます

ウ　A：事業譲渡の場合でも、会社分割の場合でも、対価を金銭とすることはできます

　　B：事業譲渡の場合では対価を株式とすることはできませんが、会社分割の場合では対価を株式とすることはできます

エ　A：事業譲渡の場合でも、会社分割の場合でも、対価を金銭とすることはできます

　　B：事業譲渡の場合でも、会社分割の場合でも、対価を株式とすることはできます

（設問２）

会話の中の空欄Ｃに入る記述として、最も適切なものはどれか。

なお、事業譲渡及び会社分割のいずれの場合においても、当該株主総会の承認決議と同時に解散決議をするものではなく、また、簡易手続（簡易事業譲渡、簡易会社分割）によるものではないものとする。

ア 会社法では、事業譲渡の場合、Ｘ社の株主にいわゆる反対株主の買取請求権が認められていますが、会社分割では反対株主の買取請求権は認められていません

イ 会社法では、事業譲渡は、登記をすることにより効力が発生するとされていますが、会社分割は、契約書に定めた効力発生日に効力が発生するとされています

ウ 会社法には、会社分割では、Ｘ社で契約書などの事前開示書類を一定の期間、備置することが定められていますが、事業譲渡ではそのような定めはありません

エ 会社法には、事業譲渡ではＸ社の債権者を保護するための債権者保護手続が定められていますが、会社分割ではそのような手続きは定められていません

1 合併

合併とは、2つ以上の会社が契約により1つの会社に合同することをいいます。合併は、企業規模拡大のための最も効果的・効率的な手段です。経済的には、経営の合理化や高い技術力を有する会社を吸収して競争力を強化するなどの目的で行われます。金融機関などにおいて、救済のための合併が行われることもあります。

［1］ 合併の種類・効果

❶ 合併の種類

法律上、合併には吸収合併と新設合併の2種類があります。

吸収合併とは、会社が他の会社とする合併であって、合併により消滅する会社の権利義務の全部を合併後存続する会社に承継させるものをいいます。これに対し、新設合併とは、2つ以上の会社がする合併であって、合併により消滅する会社の権利義務の全部を合併により設立する会社に承継させるものをいいます。

❷ 合併の効果

合併では、当事会社の全部または一方が解散し、それと同時に新会社の設立、または存続会社による募集株式の発行等が行われます。そして、解散会社の株主は、新たに設立された会社または存続会社の株主となることが通常です。

また、解散会社の財産も、当然に新たに設立された会社または存続会社に包括承継されます。解散会社は、解散によって直ちに消滅し、清算の手続を要しません。

なお、新設合併の場合、合併当事会社が取得していた営業許認可等は新設会社に引き継がれません。また、当事会社が上場会社であっても、新設会社は新たに上場手続をしなければなりません。新設合併にはこのようなデメリットがあるので、吸収合併の方法がとられることが一般的です。

【1-12-1　吸収合併と新設合併】

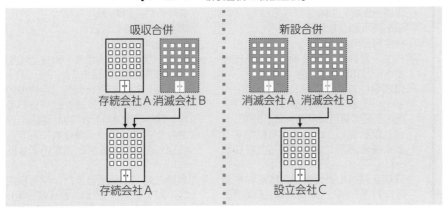

[2]　合併の手続

❶ 会社法上の手続

　以下の手続によります。

(1)　合併契約の締結：合併当事会社間で、種々の法定事項を定めた合併契約を締結
する必要があります。

(2)　事前の開示：各当事会社において、合併契約の内容と法務省令事項を事前に開
示し、株主および会社債権者の閲覧に供します。

(3)　株主総会による承認決議等：各当事会社は、原則として、合併の効力発生日の
前日までに、株主総会の特別決議によって、合併契約の承認を受けなければなり
ません。

(4)　株式買取請求権等：消滅会社の反対株主・新株予約権者および存続会社の反対
株主は、株式買取請求権・新株予約権買取請求権を行使することができます。

(5)　会社債権者保護手続：会社債権者は合併に重大な利害関係を有しているので、
会社は債権者に対し、異議申立てができる旨を公告および個別に催告し、債権者
が異議を述べた場合、原則として弁済・担保供与等の措置をとる必要があります。
これは、合併によって債権・債務関係が承継されるため、合併後の財務状況が悪
化し、債権者の利益を害するおそれがあるためです。

(6)　登記：合併に際しては、合併登記を行う必要があります。

(7)　事後の開示：効力発生日後、会社は、遅滞なく法務省令事項を開示し、株主お
よび会社債権者の閲覧に供する必要があります。

<吸収合併スケジュール>
①吸収合併契約の締結
②事前開示書面の備置
③株主総会の承認
④株主・登録株式質権者・新株予約権者への通知または公告
⑤債権者に対する官報公告（合併の内容・一定の期間内異議を述べられる旨・最終の貸借対照表の開示場所）
⑥会社が把握している債権者に対する個別催告通知（公告と通知内容は同一）
⑦異議を述べた債権者または反対株主等に対する対応（弁済、株式買取等）
⑧合併の効力発生
⑨存続会社の変更登記および消滅会社の解散登記申請
⑩事後開示書面の備置

<新設合併スケジュール>
①新設合併契約の締結
②事前開示書面の備置
③株主総会の承認
④株主・登録株式質権者・新株予約権者への通知または公告
⑤債権者に対する官報公告（合併の内容・一定の期間内異議を述べられる旨・最終の貸借対照表の開示場所）
⑥会社が把握している債権者に対する個別催告通知（公告と通知内容は同一）
⑦異議を述べた債権者または反対株主等に対する対応（弁済、株式買取等）
⑧新設会社の設立登記および消滅会社の解散登記申請
⑨事後開示書面の備置

② 独占禁止法上の手続

　合併に際しては、一定の要件に該当するときには、あらかじめ公正取引委員会に対して「合併届出書」を提出し審査をあおぐ必要があります。この場合、合併当事会社はこの合併届出書の受理日の翌日から起算して原則として30日を経過するまでは合併をすることはできないとされています。

③ 金融商品取引法上の手続

　合併に際して株式を割り当てる場合、有価証券通知書あるいは臨時報告書の提出（企業内容の開示）が義務付けられる場合があります。また、当該会社の株式売買についてはいわゆるインサイダー取引規制の観点などから規制されることがあります。

2　会社分割

　会社分割は、企業規模が大きくなりすぎた会社が、ある部門を独立させて能率化を図る目的や、不採算部門を独立させて営業努力をさせる目的などによりなされます。

　会社分割の制度を活用せずに、会社（A社）がある事業部門を分離するには、まず一人会社として別の会社（B社）を設立し、分割すべき部門の事業をB社に現物出資（または事業譲渡）する方法などによることになります。しかし、これらの方法については、検査役の選任・調査に時間がかかること、また、財産が合併のように包括的に移転するわけではなく個別の移転手続が必要であること等、問題点が多いです。

1
会社法

そこで、会社の分割を迅速かつ容易に行うためには会社分割の制度を活用することが重要です。

[1] 会社分割の種類・効果

❶ 会社分割の種類

法律上、会社分割には吸収分割と新設分割の2種類があります。

吸収分割とは、株式会社または合同会社がその事業に関して有する権利義務の全部または一部を分割後、他の会社に承継させることをいいます。この手法は、持株会社のもとにある複数の子会社の重複する部門を、各子会社に集中させることにより、組織の再編成を実現するために利用することが見込まれます。これに対し、**新設分割**とは、1または2以上の株式会社または合同会社がその事業に関して有する権利義務の全部または一部を分割により設立する会社に承継させることをいいます。新設分割は、複数の事業部門を有する会社が、各事業部門を独立した会社とすることにより、経営の効率性を向上させるために利用することが見込まれます。

【1-12-2　吸収分割と新設分割】

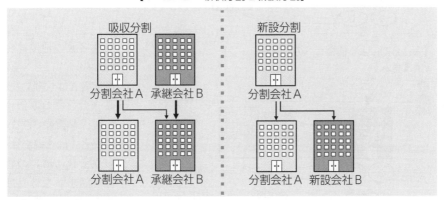

❷ 会社分割の効果

会社分割によりどの権利義務が承継されるのかについては、吸収分割契約または新設分割計画に定めるところによります。したがって、分割により承継される権利義務であるか否かは、吸収分割契約または新設分割計画に承継されるものとして記載されているか否かによって定まります。ただし、会社分割制度を利用し、分割した新会社に優良資産を移して債務返済を免れる手法、いわゆる**詐害的会社分割**の場合には、その分割契約、分割計画は取り消されることになります。

【1-12-3　分割による権利義務の承継】

<2分割前>
債権者A　B

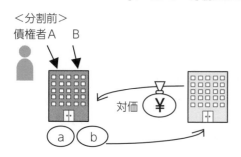

対価

a　b

<分割後>
A　B
?

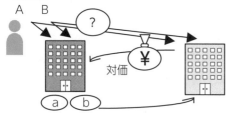

対価

a　b

債権者AやBが会社分割後、どちらの会社に債務の履行を請求できるのか、あるいは両方に請求できるのかは、分割契約・計画の内容によります。

そのため、AとBとで結論が異なることもあります。

これに対し、合併であれば、合併により消滅した会社の権利義務はすべて存続会社または設立会社が承継します。

【会社分割による債権者への影響パターン】
債権者A

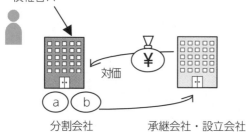

対価

a　b

分割会社　　　　承継会社・設立会社

会社分割後、債権者Aはどちらの会社に債務の履行を請求できるのか。
↓
分割契約書・計画書の内容により定まる

パターン①　債権者Aの地位は変わらない。

パターン②　債権者Aは承継会社・設立会社にのみ債務の履行を請求できる。

パターン③　債権者Aは承継会社・設立会社に債務の履行を請求しなければならないが、分割会社が連帯保証をしている。

● OnePoint　詐害的会社分割

　会社法施行後、債務超過に陥り実質的に倒産状態にある会社が、一部の債権者と協議し、会社分割によって新設した会社（設立会社）に採算部門や優良資産、一部の債務を承継させた上で、不採算部門や不良資産を残した既存の会社（分割会社）を清算するという会社再建の手法が用いられる事例が増加しています。ところが、このような会社分割が行われても、最も利害関係のある会社債権者に個別の催告通知がなされず、会社分割を関知することなく、自己の債権を回収できない事例が増加したことから、改正会社法において詐害的会社分割を規制することになりました。具体的には、分割会社が残存債権者を害することを知って会社分割をした場合、残存債権者は、新設会社に対し、承継した財産を限度として、債務の履行請求ができます。

[2]　会社分割の手続

❶ 会社法上の手続

　吸収分割の場合は、分割「計画」ではなく、分割「契約」になる（相手方の承継会社が既に存在するから）点、分割会社および承継会社の双方で並行して分割手続が進行する点等が主な相違点です。

　吸収分割の場合、今まで持っていた事業に関する権利義務を手放す会社（吸収分割会社）の株主や債権者の保護が原則として必要ですが、それを承継することも会社には重大な影響が及ぶおそれがあるので、承継する会社（吸収分割承継会社）の株主や債権者の保護も必要です。他方、新設分割は、分割される会社（新設分割会社）の株主や債権者には大きな影響を与えますので、保護手続が原則として必要です。一方、新たに作られる会社（新設分割設立会社）には株主も債権者もいないので保護手続は不要です。

株主保護	会社債権者保護
株主総会特別決議	異議を申し立てることのできる会社債権者に対する官報公告
株式買取請求権	異議を申し立てた会社債権者に対する弁済、担保の提供等

※異議を申し立てることのできる債権者とは、①吸収分割後の吸収分割会社に対して債権の行使をできない会社債権者、②分割会社が分割対価である株式等を株主に分配する場合における会社の債権者、③承継会社の会社債権者をいう。
※新設分割設立会社の場合には、株主・債権者保護は不要。

<吸収分割スケジュール>
①吸収分割契約の締結
②会社分割に伴う労働契約の承継等に関する法律に基づく労働者への吸収分割に伴う通知
③事前開示書面の備置
④株主総会の承認
⑤株主・登録株式質権者・新株予約権者への通知または公告
⑥債権者に対する官報公告（分割の内容・一定の期間内異議を述べられる旨・最終の貸借対照表の開示場所）
⑦会社が把握している債権者に対する個別催告通知（公告と通知内容は同一）
⑧異議を述べた債権者または反対株主等に対する対応（弁済、株式買取等）
⑨分割の効力発生
⑩分割会社および承継会社の変更登記
⑪事後開示書面の備置

<新設分割スケジュール>
①新設分割計画の作成
②会社分割に伴う労働契約の承継等に関する法律に基づく労働者への新設分割に伴う通知
③事前開示書面の備置
④株主総会の承認
⑤株主・登録株式質権者・新株予約権者への通知または公告
⑥債権者に対する官報公告（分割の内容・一定の期間内異議を述べられる旨・最終の貸借対照表の開示場所）
⑦会社が把握している債権者に対する個別催告通知（公告と通知内容は同一）
⑧異議を述べた債権者または反対株主等に対する対応（弁済、株式買取等）
⑨新設承継会社の設立登記および分割会社の変更登記申請
⑩事後開示書面の備置

② 労働契約承継法について

　会社分割の制度とともに、「会社分割に伴う労働契約の承継等に関する法律（労働契約承継法）」が制定されました。この法律は、会社分割により影響を受ける労働者の保護を図るための法律です。

　具体的には、労働契約承継法は、分割会社は、労働契約が承継されるか否か等の一定の事項を会社分割の承認をする株主総会等の2週間前までに書面で通知しなければならないこと、労働の承継に関して異議がある労働者は書面により異議申立てができること等が定められています。

	分割対象事業に主として従事する者	分割対象事業に主として従事する者以外
分割契約または分割計画に承継される旨の定めあり	当然に承継	原則：承継 書面により異議を申し立てれば残留
分割契約または分割計画に承継される旨の定めなし	原則：残留 書面により異議を申し立てれば承継	当然に残留

🔑 Keyword

▶ **株式買取請求権**

　反対する少数株主がその所有株式を会社に対し、「公正な価格」で買い取ることを求めることができる権利です。議決に反対した株主に、公正な価格で会社に株式を買い取ってもらい、投下資本を回収しつつ会社関係から離脱する権利を与えるものです。

過去問 トライアル解答 ▶ **(1)エ
(2)ウ**

☑チェック問題

　吸収合併および新設合併における合併の効力が生じるのは、登記をした時である。　　　　　　　　　　　　　　　　　　　　　　　　　　　　　⇒×

▶　吸収合併は、合併契約書に記載された日に効力が発生する。

13 企業再編
株式交換・株式移転

学習事項 株式交換，株式移転，債権者保護手続，会社形態と組織再編行為

このテーマの要点

株式交換・株式移転の基本的事項を押さえる！

株式交換、株式移転のいずれも完全親子会社関係（親会社が子会社の発行済株式100%を持つ）を円滑かつ簡易に作るための制度です。株式交換は既存の会社間で行われますが、株式移転は新たに会社を設立して行われます。まずは、株式交換・株式移転とはどのようなものかを押さえてもらえればよいでしょう。

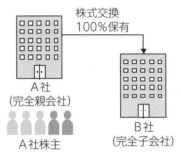

株式交換
100%保有

A社
（完全親会社）

B社
（完全子会社）

A社株主

過去問トライアル	平成19年度　第5問（設問1）（改題）
	株式交換
類題の状況	H19-Q16⑵

X社では、現在、販売部門の事業拡大を考えているが、X社の製品を販売する子会社であるY株式会社（X社の100%子会社。以下、「Y社」という。）だけでは人員も能力も足りない。

そこで、販売部門が強いZ株式会社（以下、「Z社」という。）を傘下におさめたいが、単純にZ社の発行済株式全部を買い取る方法はX社の都合で難しく、また許認可の問題から事業譲渡の方法も難しいので、これら以外の方法でX社がZ社の発行済株式全部を取得してZ社をX社の傘下におさめることができる方法を知りたい。

その場合、X社の100%子会社でX社の製品を販売する会社が2つになるので、Z社を傘下におさめると同時にZ社をY社に統合することも考えられる。

本件で想定されている株式交換の説明として最も適切なものはどれか。

ア　X社が保有するX社の株式等と、Z社の発行済株式全部とを交換する方法。

イ　X社が保有するY社の株式等と、Z社が保有するZ社の自己株式とを交換する方法。

ウ　Y社が保有するX社の株式等と、Z社の発行済株式全部とを交換する方法。

エ Y社が保有するY社の株式等と、Z社が保有するZ社の自己株式とを交換する
　方法。

1 株式交換

　株式交換とは、株式会社がその発行済株式の全部を他の既存の株式会社または合
同会社に取得させることをいいます。株式交換によっても完全親子会社関係がもた
らされるだけであり、消滅する会社はなく、各当事会社の財産も変動しません。株
式交換の結果、完全子会社となる会社の株主は、新たに完全親会社となる会社の株
主等へとその地位を代えることになります。

【1-13-1　株式交換】

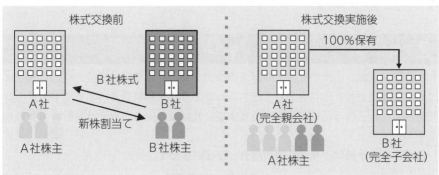

　株式交換の場合、今までと同様に会社は存続し、会社間の権利義務の承継が起き
ないので、原則として債権者の保護手続は不要です。一方、親会社となる会社の株
主にとっては、別の会社を子会社化することは重大な問題ですし、子会社となる会
社の株主としての地位を剥奪されることも重大な問題ですから、どちらにも株主保
護のための手続があります。

<株式交換スケジュール>
①株式交換契約の締結
②事前開示書面の備置
③株主総会の承認
④株主・登録株式質権者・新株予約権者への通知または公告
⑤完全子会社での株券提出手続
⑥官報公告および会社が把握している債権者に対する個別催告通知
　（交換の内容・一定の期間内異議を述べられる旨・最終の貸借対照表の開示場所）
　※新株予約権付社債を完全親会社に承継する場合および完全親会社の対価が株
　　式以外である場合を除き、債権者保護手続は不要です。
⑦異議を述べた債権者または反対株主等に対する対応（弁済、株式買取等）
⑧交換の効力発生
⑨交換の変更登記
⑩事後開示書面の備置

2　株式移転

　株式移転とは、1つまたは2つ以上の株式会社がその発行済株式の全部を新たに設立する株式会社に取得させることをいいます。株式移転によっても完全親子会社関係がもたらされるだけであり、消滅する会社はなく、各当事会社の財産も変動しません。

　株式移転の手続は、株式交換の場合とほぼ同様です。

【1-13-2　株式移転】

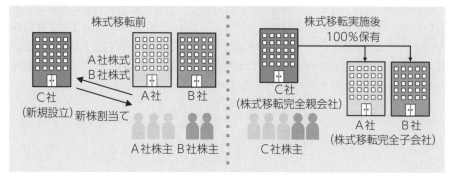

　株式移転では、会社の法人性や権利義務の移転がありませんので、原則として債権者の保護手続は不要です。また、完全親会社になる会社には株主がいませんので保護手続はありません。しかし、完全子会社となる会社の株主は、その会社の株主としての地位が失われるため、保護手続があります。

<株式移転スケジュール>
①株式移転計画の作成
②事前開示書面の備置
③株主総会の承認
④株主・登録株式質権者・新株予約権者への通知または公告
⑤完全子会社での株券提出手続
⑥官報公告および会社が把握している債権者に対する個別催告通知
　（移転の内容・一定の期間内異議を述べられる旨・最終の貸借対照表の開示場所）
　※新株予約権付社債を完全親会社に承継する場合を除き、債権者保護手続は不要です。
⑦異議を述べた債権者または反対株主等に対する対応（弁済、株式買取等）
⑧株式移転の設立登記
⑨事後開示書面の備置

3 債権者保護手続

　株式交換・株式移転では、債務は親会社が丸抱えするので、原則として、債権者保護手続は不要です。ただし、債権者の利益に影響が及ぶような場合、例えば、その債権者にとっての債務者が交替する、あるいは債務者企業の財産の状況が変わるような場合は必要となります。

[1]　株式交換

❶ 完全親会社となる会社が、完全子会社となる会社の新株予約権付社債を引き継ぐ場合

　この場合、子会社となる会社の新株予約権付社債権者にとっては債務者の交替となります。また、親会社となる会社の債権者からすれば会社財産の変動となります。そのため両方の会社で債権者保護手続が必要となります。

❷ 完全親会社となる会社の株式以外の財産を、完全子会社となる会社の株主に交付する場合

　この場合は、完全親会社となる会社では、資金が流出するので債権者に対して債権者保護手続が必要となります。

[2]　株式移転

　株式移転でも、完全親会社となる新設会社が完全子会社となる会社の新株予約権付社債を引き継ぐ場合に、子会社となる会社で債権者保護手続が必要となります。株式移転の場合は、完全親会社となるのは新設する会社であり、完全親会社の債権者保護手続はありません。

4 会社形態と組織再編行為

　各会社において組織再編する場合には、図表1-13-3にある通り、組織再編できない場合があります。例えば、合同会社は株式交換の親会社になることはできますが、株式移転の親会社になることはできません。なぜなら、完全子会社となる株式会社の株主が、その株式を現物出資して合同会社を設立すれば足りる（合同会社の設立に際して現物出資をする場合には、検査役の調査が不要です。）ことから、あえて制度として認める必要がないためです（法務省の政策的なもの）。

【1-13-3　各会社形態と組織再編行為】

	吸収合併 新設合併	吸収分割・新設分割			株式交換		株式移転	
	消滅会社 存続会社 新設会社	分割 会社	承継 会社	新設 会社	完全 子会社	完全 親会社	完全 子会社	新設完全 親会社
株式会社		○	○	○	○	○	○	○
合同会社	○	○	○	○	×	○	×	×
合名・合資		×	○	○	×	×	×	×

○：なることができる　×：なることができない

過去問 トライアル解答　**ア**

☑チェック問題

　完全親会社は、完全子会社の株式移転計画の承認が行われた日に、その発行済株式の全部を取得する。　　　　　　　　　　　　　　　　　　　　　　⇒×

▶　会社法は、完全親会社が完全子会社の株式の全部を取得する日を、「その成立の日」と規定している（同法774条1項）。

企業再編
14 株式取得・事業譲渡

学習事項 株式取得，事業譲渡

このテーマの要点

会社法以外の企業再編行為を学ぶ！

　会社法上の企業再編以外にも実際に行われている企業再編行為として、株式取得や事業譲渡があります。株式取得の一般的方法として公開買付（ＴＯＢ）が知られており、金融商品取引法等に規定されています。また、事業譲渡とは、①一定の事業目的のために組織化され、有機的一体として機能する財産（得意先関係などを含む）の全部または重要な一部を譲渡し、②これによって譲渡会社がその財産によって営んでいた事業活動の全部または重要な一部を譲受人に受け継がせ、③譲渡会社がその譲渡の限度に応じ、法律上当然に競業

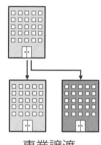

事業譲渡

避止義務を負う結果を伴うものを指しますが、事業譲渡は、一般法（民法）等の規定に従って行われます。

過去問トライアル	令和元年度　第2問
	事業譲渡
類題の状況	R05-Q6(1)(2)　R04-Q5　H26-Q18　H25-Q1　H25-Q14(1)　H20-Q4(2)

　会社法が定める株式会社の事業譲渡に関する記述として、最も適切なものはどれか。なお、反対株主の買取請求権に関する会社法第469条第1項第1号及び第2号については考慮しないものとする。

ア　事業譲渡の対価は、金銭でなければならず、譲受会社の株式を用いることはできない。

イ　事業譲渡をする会社の株主が、事業譲渡に反対する場合、その反対株主には株式買取請求権が認められている。

ウ　事業の全部を譲渡する場合には、譲渡会社の株主総会の特別決議によって承認を受ける必要があるが、事業の一部を譲渡する場合には、譲渡会社の株主総会の特別決議による承認が必要となることはない。

エ　当該事業を構成する債務や契約上の地位を譲受人に移転する場合、個別にその債権者や契約相手方の同意を得る必要はない。

1 株式取得

　株式取得は、他の会社を支配するための最も強力かつシンプルな方法です。株式を取得することで、その会社を子会社化し、また強い影響力を行使することができるようになります。

[1] 既発行株式を取得する場合

❶証券市場での取得（市場買付）

　上場株式は、主に証券市場を介して取得することになります。市場を介するので取得は容易ですが、大量の買付は、株価の上昇を来たし、取得にかかるコストを増加させてしまうおそれがあります。また、大幅な価格の変動によって、投資家に不測の損害を与えてしまう場合もあります。さらに、買収の標的となる会社に何らかの対抗策を講じる機会を与える必要もあります。

　そこで、金融商品取引法は、5％ルールを規定しています。すなわち、株式の保有割合が5％を超える者は、内閣総理大臣に大量保有報告書を提出しなければならないとしています。

　ほかにも、銀行法は、銀行およびその子会社が、国内の他の会社の議決権について、5％を超えて取得・保有することを原則として禁止しています。

　また、独占禁止法は、一定の取引分野における競争を実質的に制限することになる株式の取得・保有を禁止し、一定の株式取得・保有については、公正取引委員会に株式取得に関する計画を提出しなければならないとしています。

❷金融商品市場外での取得（相対取引）

　株式が上場されていない場合は、金融商品市場外で株主から取得することになります。価格は、純資産、時価、収益還元、DCF（ディスカウント・キャッシュ・フロー）、類似取引比較などを参考に決定されます。

　なお、上場会社の株式取得であっても、被買収会社の親会社や大株主から相対取引で株式を取得しようとすることができます。ただし、上場株式の株式市場外での取引については、原則として公開買付（ＴＯＢ）によることが義務付けられています。ここでＴＯＢ（Take Over Bid）とは、買付の期間、数量、価格等を買付希望者が公開呈示し、売主を公募して株式を取得する方法を指します。市場価格上昇によるコスト増を避けることができる一方、広く一般投資家にも売却の機会を提供することができます。

　なお、買い付けることのできた株式が、目標とする数量に到達しなければ、買付のすべてを取り消すことが可能なので、リスクも少なくて済みます。

[2] 新たに発行される株式を取得する場合

　支配権獲得の対象となる会社から募集株式を発行してもらい、その割当てを受け

て株式を取得する方法です（第三者割当増資）。この方法の場合、「払込金額が特に有利な金額である場合」は、当該会社の株主総会の特別決議を経る必要があります。

2 事業譲渡

事業譲渡は、事業活動を承継する点で、合併と共通した効果があります。ただし、合併のように、相手企業の法人格を引き継ぐことはなく、譲渡会社、譲受会社ともに別法人として存続します。事業譲渡では、法人格が引き継がれないので、思わぬ簿外債務等を承継するリスクは低く抑えることができます。しかし、一方で、個々の財産についていちいち移転の手続を要し、大きな手間がかかるというデメリットがあります。

[1] 事業譲渡の手続

❶ 事業譲渡契約の締結

譲渡会社と譲受会社との間で、事業譲渡契約が締結されることが必要です。この事業譲渡契約の締結は、譲渡会社にとっては「重要な財産の処分」に、譲受会社にとっては「重要な財産の譲受け」に当たります。そのため、当事会社が取締役会設置会社の場合は、取締役会の決議を経る必要があります。

❷ 株主総会の特別決議

譲渡会社においては、「事業の全部の譲渡」に当たる場合や、「事業の重要な一部の譲渡」に当たる場合には、株主総会の特別決議が必要とされます。これは、このような譲渡は、株式会社の収益の源泉を失い、また株式会社のあり方に根本的な変更を加えるものなので、株主にその決定権を委ねる趣旨です。なお、事業の重要な一部の譲渡とは、譲渡する資産の帳簿価格が、当該会社の総資産額（総務省で定められた方法で算出された額）の「5分の1」を超えるときとされています。

譲受会社においては、「他の会社の事業の全部の譲受け」に当たる場合には株主総会の特別決議が必要となります。

なお、「他の会社の事業の一部の譲受け」の場合は、株主総会の特別決議は不要です。

【1-14-1 株主総会特別決議が必要なケース】

	全部譲渡	重要な一部の譲渡
譲渡会社	株主総会特別決議	
譲受会社		不要

❸ 株式買取請求権

事業譲渡は、株主の利益に大きな影響を与えるため、株主総会の特別決議が必要であることは既に説明しています。しかし、株主総会は多数決で行われ、少数の意

見は軽視されがちです。決議に反対する少数株主は、株式を売却して会社関係から離脱することが可能ですが、市場等で株式を売却したのでは、既に決議の影響で株価が下がっている可能性があります。

　そこで、会社法は、事業譲渡の株主総会の特別決議に当たって、これに反対する少数株主に対し、その所有株式を会社に「公正な価格」で買い取ることを求める権利を与えています。この権利は、決議に反対した株主に、公正な価格で会社に株式を買い取ってもらい、投下資本を回収しつつ会社関係から離脱する権利を与えるものです。

④ その他の手続

　事業の性質から、事業譲渡を禁止、あるいは事業譲渡に一定の認可や届出を必要とする場合があります。

　例えば、独占禁止法は、事業譲渡によって競争を実質的に制限することとなる事業譲渡を禁止しています。また、一定の場合、譲渡会社は、あらかじめ公正取引委員会に事業譲渡する旨を届け出なければなりません。また、銀行や証券、ガス会社などが事業譲渡する場合には、主務大臣の認可や主務大臣への届出が必要とされています。

［2］　事業譲渡の効果（競業避止義務、雇用関係の承継など）

　事業譲渡により、会社と労働者の雇用関係は、当然に移転するわけではなく、労働者の承諾によって移転します。事業譲渡は有機的一体として機能する財産を移転させるものである以上、雇用関係も当然に移転するように見えますが、雇用主が変更される場合には、労働者の承諾が必要とされているためです。

　また、譲渡会社は競業避止義務を負います。すなわち、特約がない限り、法律上当然に、譲渡会社は同一市町村および隣接市町村内で20年間、同一の事業を行うことができません。これに対し、譲受会社も一定の責任を負います。すなわち、譲受会社が譲渡会社の商号を継続して使用する場合は、譲受会社は譲渡会社の事業によって生じた債務につき、責任を負わなければなりません。

3　事業譲渡と吸収分割

　例えば、相手企業から、「不動産部門を買い取ってくれないか？」という話があった場合には、事業譲渡と会社分割とが考えられます。このような場合には、事業譲渡と会社分割との区別ができないと困ります。そこで、両者の区別が肝心です。

　自社の事業を他社に譲渡するという点で、事業譲渡と会社分割はとても似ていますが、法的性質が大きく異なります。譲渡にかかわる手続と、譲渡後の両者の関係を考慮した上で事業譲渡と会社分割、どちらがよいかを選択することになります。

　両者とも「Xという事業が、A社からB社に移った」というように、結果は同じ

ように見えます。しかし、もともと法的性質が違いますので、対価や手続などに大きな違いが出てきます。

【1-14-2　事業譲渡と吸収分割】

		事業譲渡	吸収分割
移転させる権利義務等		売り手が有する資産および負債を個別に買い手に譲渡する売買契約である。 会社法における組織再編行為に該当しない。	会社の事業の全部または一部を他の会社に包括的に承継させる組織再編行為である。 会社法上の組織再編行為に該当する。
対価	譲渡会社分割会社	原則として金銭 ＊対価の制限なし	原則として承継会社の株式 ＊対価の柔軟化
	譲受会社承継会社	譲受会社の株式を対価とする場合は、「現物出資」となるので、原則、検査役の調査が必要（検査役の調査については、設立時の少額免除等の例外規定に加えて、少数免除・DESの例外規定がある）。	現物出資の規制なし
従業員の同意		個別同意が必要	労働契約承継法の適用により、包括的に承継
債権者保護手続		不要 ただし、債権者ごとに個別の同意が必要	必要
備置書面		特に義務なし	事前開示事項および事後開示事項につき、それぞれ備置および株主・債権者による閲覧・謄本等の請求の定めがある。
簿外債務の引受けリスク		原則としてなし	あり
許認可の承継		譲受会社において新たに許認可の申請が必要	個々の業法により定められているため、個別の業法に従う

♂ Keyword

▶　**対価の柔軟化**

　会社法では、吸収合併・吸収分割・株式交換・事業譲渡等の組織再編について、「対価の柔軟化」が認められ、消滅会社・分割会社等の株主や譲渡会社に対して交付する対価の種類が、従来の存続会社等の株式や譲受会社の金銭に限定されず、その他の財産も交付することが可能になっています。株式・金銭以外のその他の財産の例としては、存続会社等の親会社の株式（三角合併）、新株予約権、社債、新株予約権付社債等があります。

☑チェック問題

事業譲渡をする際、会社債権者の保護手続は会社法上存在しない。　⇒○

企業再編
15 簡易組織再編・略式組織再編

学習事項 簡易株式交換，簡易会社分割，略式組織再編

このテーマの要点

簡易手続、略式手続の概要を理解する！

会社が組織を変更する
ときには、株主総会決議
などの手続が必要になり
ます。しかし、簡易で小
規模な組織再編行為や、
支配関係にある組織再編
行為においては、通常の

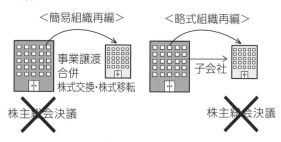

手続よりも簡略な方法によって組織再編を行うことが認められています。株主総
会の開催費用の低減だけでなく、迅速に組織再編を行うことにより企業の活性化
を図ることができます。本テーマでは、試験対策上重要となる、簡易手続、略式
手続について学習します。

過去問 トライアル	平成21年度　第2問
	簡易組織再編
類題の状況	R05-Q7(再)　R03-Q3　H30-Q2　H21-Q1　H19-Q16

　A株式会社（以下「A社」という。）は、100パーセント子会社であるB株式会社
に対し、A社の事業の一部を分割し、吸収させることを検討している。A社の貸借
対照表および分割を検討している資産等の状況は下記のとおりである。これを前提
とした簡易吸収分割（会社法第784条第3項（※））に関する説明のうち、最も適切
なものを下記の解答群から選べ。
※平成26年の会社法改正により現在では「第2項」。

A社貸借対照表　　　　（単位：百万円）

資　産　の　部		負　債　の　部	
流動資産	1,050	流動負債	250
固定資産	1,350	固定負債	900
		負債合計	1,150
		純資産の部	
		資本金	480
		利益剰余金	770
		純資産合計	1,250
資産合計	2,400	負債・純資産合計	2,400

A社が分割を検討している資産、負債の項目および帳簿価額　　　（単位：百万円）

資　　産		負　　債	
流動資産	30	流動負債	100
固定資産	200		
合　計	230	合　計	100

〔解答群〕

ア　分割対象となる資産合計額から負債合計額を控除した額は1億3,000万円で、A社の総資産額の5分の1を下回っているが、20分の1を超えるので、簡易吸収分割の規定が適用とならず、A社では、吸収分割契約を承認する株主総会を開催する必要がある。

イ　分割対象となる資産合計額から負債合計額を控除した額は1億3,000万円で、A社の純資産額の5分の1を下回っているので、簡易吸収分割の規定が適用となり、A社では、吸収分割契約を承認する株主総会を開催する必要がない。

ウ　分割対象となる資産額合計は2億3,000万円で、A社の純資産額の5分の1を下回っているが、20分の1を超えるので、簡易吸収分割の規定は適用とならず、A社では、吸収分割契約を承認する株主総会を開催する必要がある。

エ　分割対象となる資産額合計は2億3,000万円で、A社の総資産額の5分の1を下回っているので、簡易吸収分割の規定が適用となり、A社では、吸収分割契約を承認する株主総会を開催する必要がない。

1　簡易組織再編

　組織再編には原則として株主総会特別決議が必要ですが、簡易手続による場合、原則として株主総会特別決議は不要になります。

❶ 簡易株式交換

　完全親会社が完全子会社に対して交付する株式等の対価の額が完全親会社の純資産額の5分の1以下の場合には、株主総会特別決議が不要になります。完全親会社のみに認められ、また株式移転においては認められていません。合併についても、存続会社において簡易組織再編は規定されています（純資産額の5分の1以下）。

② 簡易会社分割

吸収分割承継会社に承継される資産の帳簿価額の合計額が、吸収分割株式会社の総資産額の5分の1以下の場合は株主総会特別決議が不要になります。また、吸収分割会社の株主に交付する吸収分割承継会社の株式等の対価の額が、吸収分割承継会社の純資産額の5分の1以下の場合は株主総会特別決議が不要になります。

【1-15-1　簡易手続による会社分割】

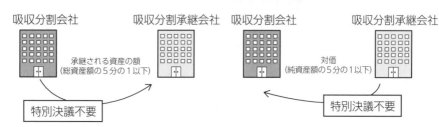

【1-15-2　簡易組織再編ができるケース】

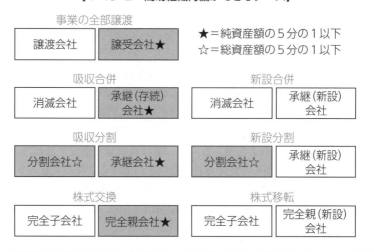

会社分割の吸収分割会社は「承継させる資産の額が総資産の5分の1以下」、株式交換、吸収合併、会社分割の承継会社では「株式等の対価の額が純資産の5分の1以下」になるので、注意が必要です。

2　略式組織再編

会社が特定の会社に支配されている特別支配会社である場合に、通常の組織再編手続よりも簡略な手続によって組織変更・企業組織再編を行うことをいいます。

ある株式会社の総株主の議決権の10分の9（これを上回る割合を定款で定めた場合はその割合）以上を保有している会社を特別支配会社といい、特別支配会社の子

会社の株主総会特別決議は不要となります。

【1 - 15 - 3　略式組織再編】

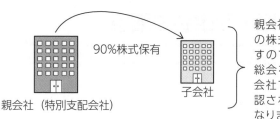

90%株式保有

親会社（特別支配会社）　　　子会社

親会社が10分の９以上の株式を保有していますので、子会社で株主総会を開催しても、親会社での決定事項は承認される可能性が高くなります。

　略式組織再編は、略式吸収合併（存続会社、消滅会社）、略式吸収分割（承継会社、分割会社）、略式株式交換（完全親会社、完全子会社）等があります。

過去問 トライアル解答　▶　**エ**

☑チェック問題

　簡易吸収合併（会社法第796条第３項（※））における吸収合併消滅株式会社、吸収合併存続株式会社がとるべき手続について、消滅会社は株主総会の特別決議が必要であるが、存続会社は、株主総会決議を省略し、取締役会決議で可能である。　　　　　　　　　　　　　　　　　　　　　　　　　　⇒○

※平成26年の会社法改正により現在では「第２項」。

16 計算書類
計算書類・剰余金の配当

学習事項 計算書類, 計算書類の作成, 手続承認, 計算書類の公告, 剰余金の配当

このテーマの要点

計算書類の承認手続を理解する!

　会社においては様々な利害が衝突します。株主はより多くの配当を得ようとします。一方で、債権者は正確な財務状況の把握により適切な返済を要求しますし、経営者は業績を少しでもよく見せようとします。こうした利害衝突の中、より正確な財産状況を公開するための手続が会社法では定められています。また、営利法人の会社では、株主に対して剰余金を分配する必要

がありますが、何ら制約なしに剰余金を配当することは許されません。本テーマでは計算書類の作成と公告、および剰余金の配当について学習します。

過去問 トライアル	平成22年度　第20問
	計算書類
類題の状況	―

　会社法における株式会社の剰余金の配当規定に関連する説明として、<u>最も不適切</u>なものはどれか。なお、本問における株式会社は、取締役会設置会社であるが会計監査人設置会社ではないものとする。

ア　株式会社の純資産額が300万円を下回らない限り、株主総会の決議によっていつでも剰余金の配当をすることができる。

イ　株主総会の決議によって、配当財産を金銭以外の財産とする現物配当をすることができる。ただし、当該株式会社の株式等を配当財産とすることはできない。

ウ　事業年度の一定の日を臨時決算日と定め、臨時計算書類を作成して取締役会および株主総会で承認を受けた場合は、臨時決算日までの損益も分配可能額に含まれる。

エ　定款で定めることにより一事業年度の途中において何回でも取締役会の決議によって中間配当をすることができる。ただし、配当財産は金銭に限られる。

1 計算書類

　株式会社は各事業年度にかかわる計算書類および事業報告、ならびにこれらの附属明細書を作成することが求められています。

[1] 計算書類

　計算書類とは貸借対照表、損益計算書、株主資本等変動計算書、個別注記表のことをいいます。

【1-16-1　計算書類の概念】

[2] 計算書類の作成・手続承認

　計算書類は定時株主総会へ提出または提供し、承認を受ける必要があります。また定時株主総会の1週間前の日（取締役会設置会社では2週間前）から、計算書類等を5年間本店に、写しを3年間支店に備え置かなければなりません。

【1-16-2　計算書類の承認手続】

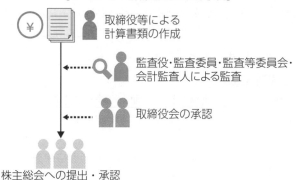

[3] 計算書類の公告

　会社は、株主総会の承認を得た後、貸借対照表（大会社では、貸借対照表と損益計算書）を公告しなければなりません。

　定款で官報または時事日刊紙を公告の方法として定めている会社にあっては、要

旨を公告すればよいことになっています。

さらに、この公告に代えて、貸借対照表の内容を、定時株主総会の終結の日後5年を経過する日までの間、インターネット上のサイトに表示する方法でもよいとされています。

【1-16-3 計算書類の公告】

	公告方法 官報または日刊新聞紙	公告方法 電子公告
大会社	貸借対照表および損益計算書の要旨を公告	貸借対照表および損益計算書の全文を公告
大会社でない 株式会社	貸借対照表の要旨を公告	貸借対照表の全文を公告

2 剰余金の配当

営利法人である会社は、対外的な営利活動によって得た利益を株主に分配することを本質とします。ここにいう利益の分配は、解散の際の残余財産の分配という形でなされることもありますが、会社の存続中においては剰余金の配当という形でなされます。

この点、従来は、株主に対する金銭等の分配が行われる場合として、利益配当、中間配当、資本および準備金の減少に伴う払戻し、自己株式の有償取得があり、それぞれ別個の法規制が採られていました。しかし、これらはいずれも株主に対する金銭等の分配という意味では共通するし、会社財産保護のために規制をかける必要があるという意味でも共通します。そこで、会社法では、これらの行為について「剰余金の配当等」として統一的に財源規制をかけることとしました。

[1] 剰余金の配当の形式的要件（手続）

❶ 株主総会普通決議（原則）

従来、会社は決算期ごとに決算を行い、配当可能利益を算出し、利益処分案を作成し、取締役会の承認・定時株主総会における承認を受けて、利益配当を決定するものとされていました。

これに対し、会社法においては、利益配当は「剰余金の配当」として整理され、株主総会の普通決議によりいつでも何度でも、株主に、分配可能額の範囲内で配当することができるものとされました。

また、旧商法では認められなかった現物配当が認められ、これを行う際には株主総会の特別決議が必要とされることになりました。ただし、金銭分配請求権を与える場合は、株主総会の普通決議で足ります。

なお、剰余金の配当は、株主平等原則に従い、株主の有する株式の数に応じてな

されるのが原則ですが、異なる種類の株式（配当優先株・劣後株、人的属性に基づき異なる取扱いを定款で定めた場合）は定めに応じて異なった扱いを受けます。

❷取締役会決議（例外）

上記のような株主総会普通決議によらず、取締役会決議によって剰余金の配当に関する事項を決定することができます。この場合、以下の３つの要件を満たす会社が定款で取締役会の決議をもって剰余金の配当を行うことができる旨を定めた場合に剰余金の配当に関する事項を取締役会決議で決定することが認められます。

① 会計監査人設置会社であること
② 取締役（監査等委員会設置会社の場合は監査等委員である取締役以外の取締役）の任期が１年を超えないこと
③ 監査役会設置会社、監査等委員会設置会社および指名委員会等設置会社であること

なお、この定款の定めは、最終事業年度に係る計算書類についての会計監査報告の内容に無限定適正意見が含まれており、かつ、当該会計監査報告に係る監査役会・監査等委員会・監査委員会の監査報告の内容として会計監査人の監査の方法・結果を相当でないと認める意見がない場合に限り、効力が認められます。

[2] 剰余金の配当の実質的要件（財源規制）

会社法では、利益配当、中間配当、資本および法定準備金の減少に伴う払戻し、自己株式の有償取得を「剰余金の配当等」として整理し、統一的に財源規制を設けました。剰余金の配当は分配可能額の範囲内で行うことが必要であり、分配する金銭等の帳簿価額の総額が分配可能額を超えてはならないとされています。

分配可能額の算出は会社法461条２項が規定しています。以下の①②の合計額から③〜⑥の合計額を引いた額をいいます。

なお、最低資本金制度の廃止に伴って、純資産額による規制が新たに設けられ、純資産額が300万円未満の株式会社は、剰余金があっても株主に配当することはできません。

① 剰余金の額　←「純資産－（資本金＋準備金）」を基準とする
② 臨時計算書類につき441条４項の承認（同項但書に規定する場合にあっては、441条３項の承認）を受けた場合における以下の額
　　イ　441条１項２号の期間の利益の額として法務省令で定める各勘定科目に計上した額の合計額
　　ロ　441条１項２号の期間内に自己株式を処分した場合における当該自己株式の対価の額

③ 自己株式の帳簿価額
④ 最終事業年度の末日後に自己株式を処分した場合における当該自己株式の対価の額
⑤ ②に規定する場合における441条１項２号の期間の損失の額として法務省令で定める各勘定科目に計上した額の合計額
⑥ ③〜⑤のほか、法務省令で定める各勘定科目に計上した額の合計額

【1-16-4　剰余金の求め方】

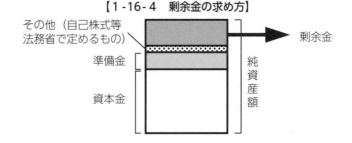

⚷ Keyword

▶　連結計算書類

　連結計算書類とは、会計監査人設置会社およびその子会社からなる企業集団の財産および損益の状況を示すために必要かつ適当なものとして法務省令で定めるもの（会社法施行規則116条）をいいます（会社法444条１項）。

▶　現物配当

　会社法のもとでは、現物配当を行うことができることが条文で明示されています（同法454条１項１号、４項）。現物配当の配当財産として実際に考えられるのは、典型的には子会社株式です。

▶　中間配当

　取締役会設置会社に限り、１事業年度の途中において１回に限り取締役会決議により剰余金の配当ができます（定款の定め、金銭配当のみ）。

過去問　トライアル解答　▶　エ

☑**チェック問題**

　取締役会および監査役を設置する会社（ただし、会計監査人および会計参与を置かない）においては、事業報告は、株式会社の状況に関する重要な事項を記載し、定時株主総会の日の2週間前の日から5年間その本店に備え置かなければならない。　⇒○

17 開示制度
会社法・金融商品取引法上の開示制度

学 習 事 項 内部統制, 会社法・金融商品取引法の開示制度

このテーマの要点

内部統制の目的と金融商品取引法を理解！

本テーマでは、開示制度について学びます。会社法上の開示制度は、株主に対して必要な情報を開示し、株主が監督是正権を行使する機会を与えるものです。他方、金融商品取引法上の開示制度は、金融商品の発行者に一定の情報開示を義務付けることにより、投資家に適切な情報が提供されることを担保しています。

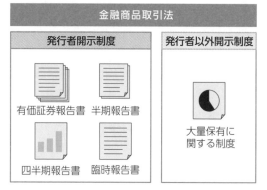

本テーマでは内部統制制度についても学習します。

過去問 トライアル	平成30年度　第22問
	作成義務書類
類題の状況	H27-Q18　H24-Q20　H22-Q18　H20-Q17　H20-Q18

下表は、金融商品取引法に基づき作成が義務付けられる書類の名称とその内容について説明したものである。空欄A～Dに入る語句の組み合わせとして、最も適切なものを下記の解答群から選べ。

名称	内容の説明
A	新たに有価証券を発行する場合、又は、既発行の有価証券の売出しをする場合において、その取得の申込みの勧誘を行う相手方の人数及び発行（売出し）価額の総額等が一定の基準に該当するとき、発行者が内閣総理大臣に提出することが義務付けられる書類
B	発行（売出し）価額の総額等が　A　の提出が義務付けられる基準に満たない場合において、新たに有価証券を発行し、又は、既発行の有価証券の売出しをするときに、発行者が内閣総理大臣に提出することが義務付けられる書類

| C | 有価証券の発行者が、事業年度ごとに、内閣総理大臣に提出することが義務付けられる、事業の内容に関する重要な事項を記載した書類 |
| D | 有価証券の募集又は売出しに当たって、その取得の申込みを勧誘する際等に投資家に交付する文書 |

〔解答群〕

ア　A：有価証券通知書　　　B：有価証券届出書
　　C：目論見書　　　　　　D：有価証券報告書

イ　A：有価証券届出書　　　B：有価証券通知書
　　C：目論見書　　　　　　D：有価証券報告書

ウ　A：有価証券届出書　　　B：有価証券通知書
　　C：有価証券報告書　　　D：目論見書

エ　A：有価証券報告書　　　B：有価証券届出書
　　C：有価証券通知書　　　D：目論見書

1 内部統制

[1] 会社法と内部統制

　大企業による不祥事が相次ぐ中で、会社法により、内部統制システムの構築がすべての株式会社に求められるようになっています。会社法制定前は、委員会等設置会社にのみ要求されていましたが、会社法は、内部統制の構築義務の対象となる会社を大幅に拡大しています。

　内部統制システムの具体的内容としては、会社法と会社法施行規則で、以下の6種類が定められています。これらは、機関設計にかかわらず、内部統制システムの基本方針の策定を行うすべての株式会社に共通のものです。会社法上の内部統制制度の目的は、コンプライアンスを促進する点にあります。すなわち、取締役には善管注意義務が課せられ、取締役はこの義務に基づき、会社の規模に応じて内部統制システムを構築しなければなりません。

　なお、大会社と指名委員会等設置会社・監査等委員会設置会社では、内部統制システムの基本方針を策定することが義務付けられています。この基本方針の策定については、取締役会（取締役会設置会社以外の株式会社においては取締役の過半数）で決すべきものとされています。

① 取締役（執行役）の職務の執行が法令および定款に適合することを確保するための体制（会社法）
② 取締役（執行役）の職務の執行にかかわる情報の保存および管理に関する体制（会社法施行規則）
③ 損失の危険の管理に関する規程その他の体制（会社法施行規則）
④ 取締役（執行役）の職務の執行が効率的に行われることを確保するための体制（会社法施行規則）
⑤ 使用人の職務の執行が法令および定款に適合することを確保するための体制（会社法施行規則）
⑥ 当該株式会社ならびにその親会社および子会社からなる企業集団における業務の適正を確保するための体制

［2］ 金融商品取引法と内部統制

金融商品取引法第24条の4の4第1項で、上場会社等は「**内部統制報告書**」を「**有価証券報告書**」と併せて提出しなければならないとされています。そして、第193条の2第2項で、「内部統制報告書」は「**監査証明**」を受けなければならないとされています。

金融商品取引法における内部統制制度の目的は、上場会社の財務報告の開示の適正を確保することによって、市場の透明性を高め、もって投資家の市場に対する投資の促進を図る点にあります。したがって、金融商品取引法における内部統制制度は、上場会社に限られます。

第24条の4の2第1項では、有価証券報告書の記載内容が法令に基づき適正であることの「**確認書**」も併せて提出するよう求められています。

金融商品取引法における内部統制の目的は、会社法よりも絞られていて、財務的側面における適正化にあります。具体的には、①業務の有効性および効率性、②財務報告の信頼性、③事業活動にかかわる法令等の遵守、④資産の保全という4つの目的があります。また、この4つの目的を達成するために必要とされる6つの構成部分として、①統制環境（最重要）、②リスクの評価と対応、③統制活動、④情報と伝達、⑤モニタリング、⑥ＩＴへの対応があります。

2 会社法と開示制度

会社法上の情報開示制度は、主として株主総会を中心とした開示と、株主の権利として認められている閲覧・謄写請求等で構成されています。

［1］ 計算書類等の開示

主な会社法上の情報開示としては、①定時株主総会の招集通知に際しての計算書類等の提供、②計算書類等の本店・支店での備置、③定時株主総会における計算書類等の承認と報告、④定時株主総会後の貸借対照表等の公告が挙げられます。なお、

定時株主総会では、取締役によって事業報告の内容が報告され、計算書類については定時株主総会において株主の承認を受ける必要があります。ただし、会計監査人設置会社において一定の要件を満たす場合は、株主への報告で足ります。

【1-17-1　定時株主総会の招集通知に際しての計算書類等の提供】

計算書類の提供	取締役会設置会社においては、取締役は、定時株主総会の招集の通知に際して、株主に対し、取締役会の承認を受けた計算書類および事業報告（監査報告・会計監査報告を含む）を提供しなければならない
連結計算書類の提供	取締役会設置会社においては、取締役は、取締役会の承認を受けた連結計算書類を定時株主総会の招集通知に際して株主に対し提供しなければならない

【1-17-2　計算書類等の本店・支店での備置】

		取締役会非設置会社	取締役会設置会社
備置の対象		・各事業年度にかかわる計算書類および事業報告ならびにこれらの附属明細書 （監査報告・会計監査報告を含む） ・臨時計算書類 （監査報告・会計監査報告を含む）	
備置場所	本店	定時株主総会の日の1週間前の日から5年間（臨時計算書類は、作成日から5年間）	定時株主総会の日の2週間前の日から5年間（臨時計算書類は、作成日から5年間）
	支店（注）	定時株主総会の日の1週間前の日から3年間（臨時計算書類は、作成日から3年間）	定時株主総会の日の2週間前の日から3年間（臨時計算書類は、作成日から3年間）
閲覧等請求権者		株主、債権者、親会社社員（裁判所の許可必要）	

(注)　計算書類等が電磁的記録で作成されている場合であって、支店における閲覧または謄写の請求に応じることを可能とするための措置をとっているときは、支店に備え置く必要はない。

【1-17-3　定時株主総会における計算書類等の承認と報告】

計算書類	定時株主総会において承認を受けなければならない（注1）
事業報告	定時株主総会に報告しなければならない
臨時計算書類	株主総会の承認を得なければならない（注2）
連結計算書類	定時株主総会において連結計算書類の内容および監査の結果を報告しなければならない

(注1)　一定の要件を満たす会計監査人設置会社においては、定時株主総会の承認を受ける必要はなく、この場合は、取締役は、当該計算書類の内容を定時株主総会に報告しなければならない。
(注2)　一定の要件を満たす場合は、株主総会の承認を得る必要はない。

[2] 株主の情報収集権など

❶ 監督是正権

株主に対する情報開示の方法として、計算書類等の直接開示・間接開示のほかに、株主の会社に対する監督是正権の行使の結果としてなされる情報開示やそのほかの情報開示があります。

① 計算書類等の閲覧・謄写請求権
② 会計帳簿閲覧請求権
③ 業務・財産状況の調査のための検査役選任請求権
④ 業務・財産状況の調査のための検査役の子会社調査権
⑤ 親会社株主の子会社に対する経理検査権
⑥ 定款、株主名簿、新株予約権原簿、社債原簿、株券喪失登録簿の各閲覧権
⑦ 株主総会議事録・取締役会議事録閲覧権
⑧ 説明を求める権利

❷ その他の会社法上の開示

そのほかに、証券発行における発行開示として、引受けの申込みをしようとする者に対する募集株式・募集新株予約権・募集社債の募集事項の開示などが挙げられます。

また、合併、資本金の額・準備金の額の減少などの重要事項については、債権者保護として異議の催告等が認められています。

3 金融商品取引法と開示制度

金融商品取引法では、証券取引を公正にし、投資家の保護を図るために、有価証券の発行者に企業内容等を開示することを要求しています。「企業内容等に関する開示」は、有価証券の募集または売出しの際に求められる発行開示と、一定の流通性を有する有価証券の発行者に求められる継続開示の2つに分かれています。

[1] 発行開示

発行市場における発行開示とは、投資者が自己判断により有価証券の売買を行う際に必要な情報を開示する制度です。具体的には、有価証券の1億円以上の募集または売出しを行う企業が、有価証券届出書・発行登録書・発行登録追補書類等により、発行する有価証券の内容および、その有価証券発行者の属する企業集団とその会社の事業内容や財務状況等を正確・適時に開示します（内閣総理大臣に提出する）。また、有価証券届出書等と同様の内容を記載した目論見書を投資者に直接交付することにより、投資家に自己責任において、有価証券の売買に必要な判断を行う機会を提供します。

❶ 有価証券届出書

発行する有価証券の内容、発行者である企業の事業内容や財務状況等を開示しなけ

ればなりません。その後、原則として15日間の熟慮期間の経過を待ち、投資家に有価証券届出書と同様の内容の目論見書を勧誘相手に直接に交付しなければなりません。

［2］ 継続開示

　流通市場における継続開示は、流通性を有する有価証券の発行者の属する企業集団および、その会社の事業内容や財務状況等を定期的または臨時的に開示することにより、有価証券の公正・円滑な流通の確保と流通市場における投資家の保護に資することを目的とするものです。

　継続開示書類には、以下のものが挙げられます。

❶ 有価証券報告書

　上場会社等、募集・売出しで有価証券届出書の提出を必要とする有価証券の発行者などに対し「有価証券報告書」の提出（事業年度終了後3ヶ月以内）を義務付けています。

　有価証券報告書に記載すべき事項は、企業概況、事業状況、経理状況などを連結・個別ベースで詳細に記載するほか、発行済株式総数や資本金推移、大株主の状況などがあります。

❷ 半期報告書　臨時報告書

　変更等の情報開示のために、半期ごとの「半期報告書」と、企業内容に関し著しい影響を与える事象等の発生に際しては「臨時報告書」の提出が義務付けられています。「半期報告書」は原則として当該期間終了後45日以内、「臨時報告書」は発生後遅滞なく提出する必要があります。なお、上場会社の開示書類の1つとして、3ヶ月ごとに開示が義務付けられてきた「四半期報告書」は、取引所規則に基づいて開示される決算短信と内容が重複するケースも多いため、企業開示の効率化の観点から、2024年4月1日より廃止され、決算短信に一本化されました。

❸ 内部統制報告書

　上場会社等は「内部統制報告書」を「有価証券報告書」と併せて提出しなければなりません。そして、「内部統制報告書」は「監査証明」を受けなければならないとされています。監査証明は公認会計士、監査法人により行われます。

【1-17-4　情報開示書類の提出期限】

	有価証券報告書	半期報告書	臨時報告書	内部統制報告書
提出期限	事業年度終了後3ヶ月以内	半期終了後45日以内	発生後遅滞なく	有価証券報告書と併せて提出

［3］ その他開示制度

　市場外で一定以上の株式を買い付ける場合には、公開買付が義務付けられ、買付

状況を記載した公開買付届出書を提出しなればなりません。

　また、銀行や証券会社等の機関投資家等が上場会社等の５％を超える株券を保有する場合には、保有状況や保有割合の変動などを記載した大量保有報告書を２週間ごとの基準日の翌日から５営業日以内に提出しなければなりません。

♂ Keyword

▶　目論見書

　目論見書とは有価証券届出書とほぼ同じ内容の書類です。直接投資者に交付することで、投資者の保護を目的としています。

▶　公開買付

　公開買付（ＴＯＢ）とは不特定多数の者に対して、公告により、株式等の買付等の申込み、または売付等の申込みの勧誘を行い、有価証券取引所市場外で、株式等の買付等を行うことをいいます。

▶　発行市場・流通市場

　株式が流通する証券市場は、機能面から「発行市場（Primary Market)」と、「流通市場（Secondary Market)」とに分類されます。「発行市場」とは、株式会社の資金調達の目的で新規に発行される証券が、発行者から直接、もしくは証券会社、銀行等を介して投資家に一次取得される市場のことをいいます。主に、当事者間の相対での取引であり、取引所のような具体的な市場のない抽象的な市場のことを指します。これに対して、「流通市場」とは、既に発行された証券が、投資家から投資家に転々と流通・売買される市場のことをいいます。発行市場は抽象的な市場であるのに対して、流通市場は取引所のように具体的な市場が存在します。

過去問　トライアル解答 ▶　**ウ**

☑チェック問題

　経営者は、内部統制の目的を達成するために内部統制の基本的要素が組み込まれたプロセスを構築し、それを適切に機能させていくことが求められている。本基準では６つの基本的要素（①統制環境、②リスクの評価と対応、③統制活動、④情報と伝達、⑤モニタリング、⑥ＩＴへの対応）を列挙している。

　このうち、経営者の意向および姿勢のように、組織内のすべての者の統制に対する意識に影響を与えるとともに、他の基本的要素の基礎をなすものとして最も重要なのは、統制環境である。　　　　　　　　　　　　　　　　　　　⇒○

18 株式市場
株式市場・株式の公開（上場）

学習事項 株式市場，上場までの流れ，インサイダー取引

このテーマの要点

株式市場について理解し、株式公開の概略を押さえる！

株式上場は株式会社にとって資金調達だけ
でなく、会社の知名度向上や、社員のモチベー
ション向上等、様々なメリットを得ることが
できます。日本の株式市場（証券市場）は様々
あり、またそれぞれ上場審査基準は異なりま
す。本テーマでは株式市場について理解し、
上場までの流れについて学習します。

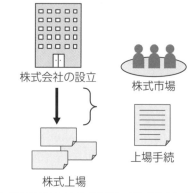

株式会社の設立　　株式市場

株式上場　　上場手続

過去問 トライアル	平成25年度　第20問
	株式上場のメリット・デメリット
類題の状況	R01-Q22　H29-Q21　H25-Q15　H25-Q21　H24-Q17(1)(2) H23-Q16　H21-Q17　H19-Q17

株式上場のメリット、デメリットに関する以下の文章の空欄A〜Cに入る語句の
組み合わせとして最も適切なものを、下記の解答群から選べ。

株式を上場すると株式の流動性が高まり、　A　市場において公募による
　B　などにより直接金融の道が開かれ、資金調達の円滑化・多様化を図ることが
できる。また、会社の知名度や信用力の向上もメリットといえる。

しかし一方では、上場後は誰でも上場企業の株主になることができるため、　C
によって経営権を脅かされるリスクが生じる。さらに投資家保護のため、証券取引所
の規則や金融商品取引法に基づく企業内容の開示などの新たな負担が増加するという
デメリットもある。

株式上場を決断するためには、このメリットとデメリットを十分に検討する必要
がある。

〔解答群〕

ア A：発行　　B：株主割当増資　　C：内部告発

イ A：発行　　B：時価発行増資　　C：買占め

ウ A：流通　　B：株主割当増資　　C：買占め

エ A：流通　　B：時価発行増資　　C：内部告発

1 株式市場

　日本の株式市場には、東京、大阪、名古屋、札幌、福岡の各証券取引所により開設される有価証券本則市場と、各取引所が運営する新興市場があります。

① セントレックス

名古屋証券取引所に設立された新興企業向けの市場

② アンビシャス

札幌証券取引所に設立された新興企業向けの市場

③ Qボード

福岡証券取引所が運営している新興企業向けの市場

● OnePoint 上場申請

　上場申請のためには、投資者に対し十分な利益還元ができるように収益基盤を整えることが大前提になります。ほかに、事前準備としては、内部管理体制の整備や関係会社の整理が必要です。

⚲ Keyword

▶ TOKYO PRO Market

　TOKYO PRO Marketは、東京証券取引所とロンドン証券取引所が共同で設立した日本初の国際ベンチャー市場TOKYO AIM取引所を、2012年7月1日付けで東京証券取引所が吸収合併して誕生した特定投資家（プロ投資家）向け市場です。

---

2 上場までの流れ

　株式の上場（公開）に際しては、各取引所で規定する要件を満たしている必要があります。

① 形式基準

　上場申請を受理する条件として、形式審査基準に適合することが必要となります。株主数や流通株式数、流通株式比率、収益基盤などについて基準が設けられていま

す。なお、東京証券取引所は、市場第一部・市場第二部・マザーズ・ＪＡＳＤＡＱ（スタンダードおよびグロース）の５つの市場区分から、2022年４月４日に、プライム市場・スタンダード市場・グロース市場の３つの市場区分に区分けされました。

【1-18-1　市場コンセプト（東京証券取引所）】

プライム市場	多くの機関投資家の投資対象になりうる規模の時価総額（流動性）を持ち、より高いガバナンス水準を備え、投資者との建設的な対話を中心に据えて持続的な成長と中長期的な企業価値の向上にコミットする企業向けの市場
スタンダード市場	公開された市場における投資対象として一定の時価総額（流動性）を持ち、上場企業としての基本的なガバナンス水準を備えつつ、持続的な成長と中長期的な企業価値の向上にコミットする企業向けの市場
グロース市場	高い成長可能性を実現するための事業計画及びその進捗の適時・適切な開示が行われ一定の市場評価が得られる一方、事業実績の観点から相対的にリスクが高い企業向けの市場

【1-18-2　形式基準（東京証券取引所）一部抜粋】

	株主数	流通株式比率	収益基盤
スタンダード市場	400人以上	25％以上	最近１年間の利益１億円以上
グロース市場	150人以上	25％以上	－

② 実質基準

実質基準は各取引所が投資家保護のため設定している基準であり、形式基準をクリアした企業を対象に審査されます。例えば、グロース市場では、「企業内容、リスク情報等の開示の適切性」「企業経営の健全性」「企業のコーポレート・ガバナンス及び内部管理体制の有効性」「事業計画の合理性」「その他公益又は投資者保護の観点から東京証券取引所が必要と認める事項」があります。

3　インサイダー取引

インサイダー取引（内部者取引）とは、上場会社の役員や従業員などの会社関係者等が、その会社の株価に影響を及ぼすような重要事実を知った上で、その重要事実が公表される前にその株を売買することによって、利益を得る行為をいいます。

① 会社関係者・会社関係者等

インサイダー取引の対象となる「会社関係者」は、以下の者です。

① 上場会社等（上場会社とその親会社・子会社）の役員等（役員、代理人、使用人その他の従業者）

② 上場会社等の帳簿閲覧権を有する者（総株主の議決権の３％以上を有する株

主等)
③ 上場会社等に対して法令に基づく権限を有する者（許認可の権限等を有する公務員等）
④ 上場会社等と契約を締結している者または締結交渉中の者（取引先、会計監査を行う公認会計士、増資の際の元引受会社、顧問弁護士等）
⑤ ②および④が法人である場合、その法人の他の役員等（銀行の融資部門から投資部門への伝達等）

※なお、上記①から⑤の会社関係者から情報を知り得た者も当該規制の対象となります。また、上記①から⑤の会社関係者は、当該会社関係者でなくなった（退職等）後も、1年間は当該規制の対象となります。子会社にかかわる会社関係者は、当該子会社にかかわる重要事実を知り得た場合にのみ、会社関係者として規制の対象となります。

② 公表

公表とは下記のケースが該当します。

(1) 公開企業等の代表者またはその委任を受けた者により、日刊新聞紙、通信社または放送局等の2社以上を含む報道機関紙に対し情報を公開し、かつ公開後12時間が経過した場合。

(2) 上場会社等が上場する金融商品取引所等に対して重要事実を通知し、金融商品取引所において内閣府令で定める電磁的方法により公衆縦覧に供された場合。

(3) 公開企業等が提出した書類（有価証券届出書、発行登録書、有価証券報告書、半期報告書、臨時報告書等）において重要事実が記載され、公衆縦覧に供された場合。

🔑 Keyword

▶ **上場審査基準**

上場するためには、株式市場へ申請を行い、それぞれの市場の「上場審査基準」に適合しているか否か審査され、承認されることが必要です。

▶ **上場会社等**

「上場会社等」とは、上場有価証券を発行している上場会社、店頭売買有価証券を発行している店頭登録会社、取扱有価証券を発行しているグリーンシート銘柄の会社のことをいいます。

過去問 トライアル解答 ▶ **イ**

　東証スタンダード市場に上場する際の形式基準に「株主数」の規定があり、その数は400人以上である。　　　　　　　　　　　　　　　　　　⇒◯

知的財産権

第**2**分野

知的財産権

知的財産権

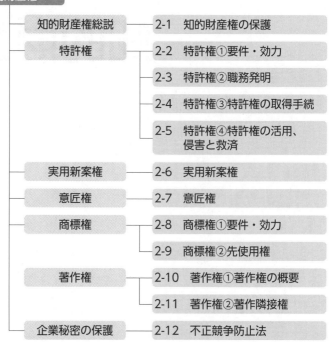

経営法務
　　知的財産権

	知的財産権総説	2-1　知的財産権の保護
	特許権	2-2　特許権①要件・効力
		2-3　特許権②職務発明
		2-4　特許権③特許権の取得手続
		2-5　特許権④特許権の活用、侵害と救済
	実用新案権	2-6　実用新案権
	意匠権	2-7　意匠権
	商標権	2-8　商標権①要件・効力
		2-9　商標権②先使用権
	著作権	2-10　著作権①著作権の概要
		2-11　著作権②著作隣接権
	企業秘密の保護	2-12　不正競争防止法

1　各テーマの関連

　会社の「強み」を保護するという観点から、知的財産権の知識は重要です。本テキストでは「知的財産権総説」で産業発達を目的とする知的財産権である「特許権」「実用新案権」「意匠権」「商標権」および文化の発展を目的とする知的財産権である「著作権」の全体像を確認します。また、事業者の利益保護、不正競争の防止を図る「企業秘密の保護」についても学習していきます。

　「2-1　知的財産権の保護」では、特許権、実用新案権、意匠権、商標権、著

作権の保護対象について学習することで、知的財産権の全体像を確認します。

「2－2～5　特許権」「2－6　実用新案権」「2－7　意匠権」「2－8、9　商標権」「2－10、11　著作権」では、それぞれの取得までの流れ・効力・制限・侵害行為等について学習します。

また、重要論点については個別にインプットするのではなく、「2－6　実用新案権」で取り上げる『特許権と実用新案権との違い』のように、横断的に学習し理解することがポイントとなります。

知的財産法は、権利を与えることで何らかの保護を図る法律です。一方、「2－12　不正競争防止法」は、不正競争となる行為を禁止する法律です。これによって特許法や意匠法、商標法ではカバーしきれない領域の事柄について法律的な効果を発揮しています。試験対策上では不正競争防止法での代表的ないくつかの類型について押さえる必要があります。

2 出題傾向の分析と対策

❶ 出題傾向

#	テーマ	H26	H27	H28	H29	H30	R01	R02	R03	R04	R05
2-1	知的財産権の保護	1									1
2-2	特許権①要件・効力	1			1	2	1	2	2	3	3
2-3	特許権②職務発明			1			1				
2-4	特許権③特許権の取得手続	1	1		1		1	2			
2-5	特許権④特許権の活用、侵害と救済								2	1	
2-6	実用新案権	1		1	1	1	1	2		1	4
2-7	意匠権	2	1	2	2		1	1	1		1
2-8	商標権①要件・効力	1	1		1						1
2-9	商標権②先使用権	2	1		1		1	1	1		2
2-10	著作権①著作権の概要		1		2		2			1	
2-11	著作権②著作隣接権		1				1	1	1		1
2-12	不正競争防止法	1	1	2	1		1	2	1		2

❷ 対策

知的財産権は、会社法の次に重要な領域になります。会社法に比べると難易度は低い問題が多く出題されています。近年は、会社法分野が難化傾向にあることを踏まえると、知的財産権の分野の取りこぼしは合格率を下げることになりかねません。

例えば、特許権（R05-9）、実用新案権（R05-13（再））、不正競争防止法（R5-12）、意匠権（R03-9）、商標権（R03-13）、産業財産権の各制度（R03-15）は、平易で基本的な問題です。これらの問題を落とすと合否に影響を与えたものと思われます。したがって、知的財産権全般についての基本的事項をまんべんなく押さえる必要があります。

　また、各権利を横断的に問う問題もよく出題されますので、各権利を個別に学習するのみではなく、各権利を対比しながら横断的に理解することで本試験での対応力を高めましょう。

知的財産権総説
知的財産権の保護

学習事項 知的財産権の意義，知的財産権の保護対象（発明・考案・意匠・商標・著作物）

このテーマの要点

知的財産権の概要を理解しよう！

もしもＡ社が苦労して研究を重ねて開発した画期的な新しい技術を、他の会社がすぐに安価で簡単に真似ができたとしたら、企業の研究開発への意欲はなくなってしまうでしょう。知的財産権は、こうした新製品開発の技術やノウハウ、商品のデザインや企業の信用などに権利を与え、保護するための権利です。また、権利を与える期間を設けることで、期間経過後はどの企業でも、そうした技術を

実施することが可能となるため、全体として産業発達を目的としています。

本テーマでは、特許権、実用新案権、意匠権、商標権、著作権の保護対象について学習をすることで、知的財産権の全体像を理解しましょう。

過去問 トライアル	平成21年度　第6問
	特許法における発明と実用新案法における考案
類題の状況	R05-Q10　H26-Q13

特許法における発明（特許法第1条、第2条）と実用新案法における考案（実用新案法第1条、第2条）に関する記述として、<u>最も不適切なものはどれか</u>。

ア　実用新案法における考案には、方法の考案も対象となっている。

イ　特許法における発明および実用新案法における考案には、ニュートンの万有引力の法則のような発見や自然法則を利用していない人為的な取り決めは該当しない。

ウ　特許法における発明には、物の発明ばかりではなく、方法の発明も対象となる。

エ　特許法における発明は技術的思想の創作のうち高度のものをさしているが、実用新案法における考案については高度という限定はなく、技術的思想の創作の程度のいかんを問わない。

1 知的財産権の意義

産業財産権は、産業の発達のための創作活動についての権利（特許・実用新案・意匠）と、産業の秩序維持のための商標権を総称するもので、「産業」（物質的文化）の発達・維持を目的としています。

これに対し、**著作権**は、いわば精神的文化の発展を図るための権利です。**著作権**は、出版物、絵画、写真、音楽、映画などの、人の精神的創作物（これらを「著作物」という。）について、直接かつ排他的に支配する権利です。

【2-1-1 知的財産権の分類】

● OnePoint 知的財産権

知的財産権は一般的に無形の財産に与えられた権利です。財産的な権利の一般法は民法であり、物権や債権などがあります。

2 知的財産権の保護対象（概要）

各知的財産権の保護対象について、概要を表記・補足します。

【2-1-2 知的財産権の保護対象】

権利	保護対象	内容
特許権	発明	自然法則を利用した技術的思想（背景にある考え・アイディア）に基づく創作のうち高度のもの
実用新案権	考案	自然法則を利用した技術的思想に基づく創作のうち物品の形状、構造または組合せにかかわるもの
意匠権	意匠	物品の形状、模様もしくは色彩またはこれらの結合、建築物の形状等または画像であって視覚を通じて美感を起こさせるもの

商標権	商標	人の知覚によって認識することができるもののうち、文字、図形、記号、立体的形状もしくは色彩またはこれらの結合、音その他政令で定めるもの（標章）であって、業として商品・役務（サービス）に使用されるもの
著作権	著作物	思想または感情を創作的に表現したものであって、文芸・学術・美術または音楽の範囲に属するもの

❶ 特許権―発明とは

自然法則そのもの（万有引力の法則など）や人が決めたルール（ゲームのルールなど）は「発明」ではありません。

職人技などの個人の熟練を要する技能やコツは「発明」ではありません。

天然物を発見しただけでは「発明」ではありません。「発見＋α（加工等）」が必要です。

❷ 実用新案権―物品とは

「物品」とは定形性を有する有体物（原則として不動産も可）です。

（例）スプーンの持ち手：〇　　セメント：×（定形性がないため物品ではありません）

❸ 意匠権―意匠とは

意匠権で保護される対象は、「物品（＝有体物である動産）の形状や色彩など」に限られず、無体物である「画像」、不動産である「建築物」、「内装」まで保護されます。

（例）「画像」…情報表示用画像、コンテンツ視聴操作用画像など、クラウド上の画像やネットワークによって提供される画像

（例）「建築物」…住宅、オフィス、ホテル、百貨店、飲食店、病院、博物館、図書館、劇場、駅舎、神社、橋梁、複合建築物

（例）「内装」…カフェの内装、オフィスの執務室の内装、自動車ショールームの内装、手術室の内装、観光列車の内装

❹ 商標権―標章とは

「標章」とは知覚に訴えるものです。色彩・音だけのものも「標章」です。

❺ 著作権―著作物とは

単なるデータの列記、模倣や歴史的事実やアイディアは「著作物」ではありません。

具体的に表現したものが「著作物」です。このとき、録音や印刷など「固定」する必要はありません。

● OnePoint　禁止される行為

　図表【2-1-1　知的財産権の分類】の権利は、権利を付与される種類のものです。このほかに、ある行為を禁止することで営業や競争の公正を確保する不正競争防止法があります。

✇ Keyword

▶　発明の分類

　特許法の発明とは、①物の発明、②方法の発明、③物を生産する方法の発明、の3種類があります。実用新案法は物品を保護対象としているので、方法の考案は実用新案法の保護対象に当たりません。

過去問 トライアル解答 ▶ ア

☑チェック問題

　特許権と意匠権の存続期間は、特許権は出願日から20年、意匠権は出願日から25年となっている。　　　　　　　　　　　　　　　　　　　　　　　　　　⇒○

知
的
財
産
権

2

2 特許権
特許権①要件・効力

学習事項 特許権と実用新案権の登録要件（産業上の利用可能性・新規性・進歩性），特許権の効力

このテーマの要点

特許権の登録要件と効力を理解しよう！

特許権は産業の発達を目的として付与される権利です。登録されるための要件として重要なのは、「産業上の利用可能性があること」「新規性（新しいこと）」「進歩性」が必要となる点です。

また、特許権の効力としては、専用権と排他権が認められます。民法の所有権に準じた効力が認められます。

重要論点であるため、本テーマでは「2-1 知的財産権の保護」の項目で学習した内容も含めて復習しておきましょう。

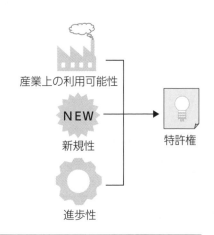

過去問 トライアル	令和2年度 第13問
	先使用権と新規性
類題の状況	R05-Q9 R05-Q11 R05-Q14 R04-Q9 R04-Q14 R04-Q16 R03-Q11 R03-Q15 R02-Q12 R01-Q13 H30-Q9 H30-Q18(2) H29-Q6(1) H26-Q13 H25-Q7 H24-Q8 H20-Q8

以下の会話は、中小企業診断士であるあなたと、E株式会社の代表取締役甲氏との間で行われたものである。

会話の中の空欄AとBに入る記述の組み合わせとして、最も適切なものを下記の解答群から選べ。

あなた：「御社の紙製ストローの販売が好調のようですね。」

甲　氏：「おかげさまで、タピオカミルクティー用の紙製ストローが、プラスチック製ストローの代替品として好評です。しかし、好事魔多しです。おとといい、同業者であるF社からこの紙製ストローが同社の最近登録された特許権を侵害するとの警告書が来ました。どうしたらよいでしょうか。」

あなた：「一般的には、①特許発明の技術的範囲に属していないと反論する、②相

手の特許権に対抗する正当権限を主張する、③相手の特許権自体を無効にする、④対抗することが難しい場合はライセンス交渉や設計変更を考える、といった選択肢があります。」

甲　氏：「正当権限とはどのようなものですか。」

あなた：「最も一般的なのは先使用権です。この権利を主張するためには、　A　の際、現に、日本国内においてその発明の実施である事業をしている者又はその事業の準備をしている者である必要があるので、しっかりした証拠を集めないといけません。」

甲　氏：「当社は、ずいぶん前から、大口顧客に試作品を提供して意見を聞いていましたから、証拠はそろえられると思います。ああ、そうだ、このように当社の試作品が早いのですから、相手方の特許発明はすでに新規性がなかったとして特許権を無効とすることはできませんか。」

あなた：「その顧客が店頭で試験的に使用していた可能性もありますね。いずれにしろ、新規性を喪失しているかどうかは、御社試作品の実施の事実が　B　かどうかが問題となります。」

甲　氏：「なるほど。」

あなた：「いずれにしろ、警告書に対する回答書を出さなければならないでしょう。よろしければ、特許紛争に強い弁護士を紹介します。」

甲　氏：「ぜひ、よろしくお願いします。」

〔解答群〕

ア　A：特許の出願

　　　B：公然の実施に当たる

イ　A：特許の出願

　　　B：多数に対する実施に当たる

ウ　A：特許の登録

　　　B：公然の実施に当たる

エ　A：特許の登録

　　　B：多数に対する実施に当たる

1　特許権の登録要件

[1]　特許要件

　特許権（独占利用権など）を与えられるためには、①産業上の利用可能性、②新規性、③進歩性という要件を満たす必要があります。仮にこれらを欠く発明に特許権が与えられても、無効審判により遡及的に特許権がなかったものとされます。

	特許権
法目的	発明の保護・利用を図り、発明を奨励し産業の発達に寄与すること
登録要件①	産業上の利用可能性があること
登録要件②	新規性
登録要件③	進歩性

⑴　産業上の利用可能性があること

　　「発明」であっても産業上の利用可能性がないものに対して特許権は与えられません。これは「考案」と実用新案権についても同様です。また、公序良俗に違反する場合などは、当然権利は受けられません。

　　(例)　・個人的にのみ利用される発明（個人的な喫煙方法の発明）

　　　　　・実験的にのみ利用される発明

　　　　　・事実上実施できないような発明（時を止める装置の発明）

⑵　新規性

　　特許権と実用新案権、両者ともに新しいことの要件が求められます。下記のような場合は、新規性が失われるとされています。

　　(例)　特許出願前に、日本国内または国外において、

　　　　①　公然と知られた発明（＝公知）

　　　　②　公然と実施された発明（＝公用）

　　　　③　刊行物に記載されたまたはインターネット等を通じて公衆が利用可能となった発明（＝刊行物記載）

　　刊行物記載は、現実に誰かがそれを見たかどうかは関係なく、自由に閲覧できる状態になっていることだけで新規性は失われます。

⑶　進歩性

　　出願時において容易に考え出すことができる発明は、進歩性を欠くものとして特許権が与えられません。また、実用新案権ではこの進歩性の基準は特許権に比較してゆるやかになっています。

　　進歩性があるかどうかは、当業者（その分野における通常の知識を有する者）が判断します。

[2]　新規性喪失の例外

　　特許を受ける権利を有する者の行為によって新規性を失った発明には新規性喪失の例外が認められることとして、その対象範囲が拡大されています。

　　ただし、知的財産権の出願行為によって公知となった場合を除く趣旨で、発明等に関する公報に掲載されたことによる場合は新規性喪失の例外から除くことが明文化されています。

① 特許を受ける権利を有する者が、

- 発明の完成後に試験
- 刊行物に発表
- インターネット等を通じて発表
- 集会での発表
- 展示
- 販売配布
- 記者会見
- テレビ・ラジオでの発表　　等

によって、その特許を受ける権利が公知となった場合
→ ・新規性を失った日から1年以内に特許出願＋例外規定の適用を受けたい旨の書面
- 出願から30日以内に、事実証明書面を提出

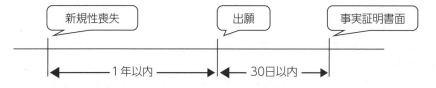

② 特許を受ける権利を有する者の意に反して新規性が失われた場合
→ ・新規性を失った日から1年以内に特許出願（新規性喪失を理由とした拒絶理由通知への応答として意見書で説明すれば足りる）

2　特許権の効力

特許権には、財産権の特質があります。そのため、専用権と排他権があります。

❶ 発明

「発明」には、①物の発明、②方法の発明、③物を生産する方法の発明の3種類があります。これらのどの種類に当たるかによって、特許権の効力を画する「実施」行為が異なります。

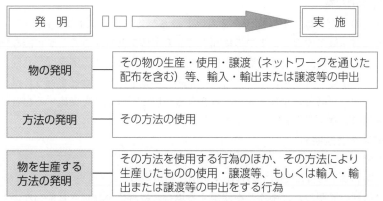

①物の発明については、その物の生産・使用・譲渡（ネットワークを通じた配布

を含む）等、もしくは輸入・輸出または譲渡等の申出をする行為が「実施」行為となります。

これに対して、②方法の発明については、その方法を使用する行為が「実施」行為となります。また、③物を生産する方法の発明の場合には、その方法を使用する行為のほか、その方法により生産したものの使用・譲渡等、もしくは輸入・輸出または譲渡等の申出をする行為がこれに当たります。

①物の発明の「物」にプログラムが含まれ、譲渡にネットワークを通じた配布が含まれるとされたのは、プログラムなどIT技術に関する特許保護強化の要請やネットワークを利用した取引促進の要請が社会的に高まっているためです。著作権上、保護されるプログラムは表現としてのプログラムですが、特許法上保護されるプログラムは技術的思想としてのプログラムです。これによって、プログラムは具体的な表現形式の奥にあるアイディアの部分まで保護されることになりました。

② 専用権

特許権者は、業として特許発明の実施をする権利を専有します。そのため、特許発明を自由に使用し、収益、処分できます。

③ 排他権

排他権とは、第三者の特許権の利用を禁止できる権利です。第三者が特許権者の許諾なしに実施すると、特許権を侵害することになります。特許権者は第三者の特許権の侵害行為に対して、以下の権利行使を行うことができます。

- 差止請求権
- 損害賠償請求権
- 侵害物廃棄請求権
- 不当利得返還請求権
- 信用回復措置請求権

④ 特許権の共有

特許権の共有とは、1の権利を2人以上の者が共同して有することをいいます。特許権は財産権ですので、1つの権利を複数の主体が共有することが可能な権利です。この場合、特許を受ける権利・特許権が共有となります。例えば、共同で出願しなければ拒絶されます。また、持分の譲渡、実施権の設定などを行うには、他の共有者の同意が必要となりますが、各共有者が自ら特許発明を実施する場合は、他の共有者の同意を得る必要はありません。

⑤ 特許権の存続期間

特許権の存続期間は、特許出願の日から20年です。

この期間満了後は誰でもその技術を自由に利用することができます。したがって、他人・他社の発明した技術などを使用する場合、特許権が設定されていないか、設定されている場合には特許維持年金が支払われているか、出願の日から20年を経過

していないか等を調べる必要があります。

⚲ Keyword

▶ **業として**

営利目的とする場合に限られず、家庭内で個人的に行われている以外の事業行為は「業として」と考えてよいです。

▶ **間接侵害**

侵害に至る可能性の高い予備的行為をした場合も、侵害行為とみなされます。具体的には、特許発明にかかわる「物の生産にのみ用いる物」や「方法の使用にのみ用いる物」の製造をする行為などです。

過去問 トライアル解答 ▶ **ア**

☑チェック問題

特許を受ける権利は、抵当権の目的とすることができる。 ⇒×

▶ 特許を受ける権利は、抵当権の目的とすることはできない。抵当権の目的とするには、抵当権の目的とすることができる旨の規定が積極的になければならないが、特許法には当該規定が存在しないからである。また、特許を受ける権利は、質権の目的とすることもできない（同法33条2項）。これは、特許権と異なり、特許を受ける権利には適切な公示手段がないため、取引の安全を害するからである。

第2分野 知的財産権

特許権

3 特許権②職務発明

学習事項 職務発明，業務発明，自由発明

このテーマの要点

従業者の発明は誰のものかを理解しよう！

特許を受ける権利は、発明を完成した発明者に与えられます。また、完成した発明が使用者の業務範囲であるか、従業者の職務内であるかによって、「職務発明」「業務発明」「自由発明」に分かれます。このうち、発明者が企業の研究室に所属する従業者であった場合は「職務発明」に当たり、①従業者が特許を受ける場合と、②使用者（企業）が特許を受ける場合とが考えられます。近年、従業者と企業をめぐっての発明に関連した争いがしばしば話題になっていますが、「職務発明」は試験上でも頻出な論点となっています。本テーマでは「職務発明」を中心に、過去問の論点を整理していきましょう。

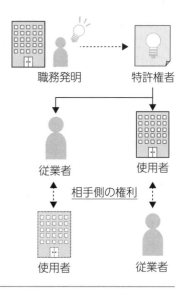

過去問トライアル	平成22年度　第8問（改題）
	職務発明　業務発明
類題の状況	H30-Q18⑴　H28-Q7　H19-Q8　H18-Q5　H15-Q6

特許法第35条によれば、職務発明とは、従業者、法人の役員、国家公務員または地方公務員（以下「従業者等」という。）がその性質上使用者、法人、国または地方公共団体（以下「使用者等」という。）の業務範囲に属し、かつ、その発明をするに至った行為がその使用者等における従業者等の現在または過去の職務に属する発明であると規定されている。次の記述のうち、<u>最も不適切なもの</u>はどれか。

ア 菓子メーカーA社の従業者甲は、菓子を製造する装置に関する職務発明を完成させた。当該発明に関する特許を受ける権利は、勤務規則に従いA社に譲渡されたが、A社は、特許出願を行わなかった。甲は、A社が特許出願を行わなかったとしても、A社に対して特許法第35条に規定される相当の利益の支払請求権を有する。

イ 携帯電話メーカーB社の研究開発部門に所属していた従業者乙は、B社在職中に携帯電話に関する発明を完成させた後に、その内容を秘匿して退職した。その後、乙が当該発明について特許出願を行った場合、当該発明は、職務発明と認定される場合がある。

ウ 自動車メーカーC社の経理部門に所属する従業者丙が、自動車用エンジンに関する発明を完成させた場合でも、丙の職務が自動車用エンジンに関する発明を行うものではないので、丙が完成させた発明は職務発明には該当しない。

エ 筆記具メーカーD社の従業員丁は、筆記具に関する職務発明を完成させた。しかし、当該発明に関する特許を受ける権利がD社に譲渡されず丁が当該発明について特許を受けた場合、D社は、特許法第35条に規定される相当の利益を丁に支払わなければ当該発明を実施することができない。

1 職務発明・業務発明・自由発明の違い

従業者が発明をした場合、本来、特許を受ける権利は発明者である従業者に帰属します。ただし、企業と従業者との関係により、以下の発明に分類されます。

【2-3-1 従業員者の発明と使用者との関係】

		使用者	
		業務範囲内	業務範囲外
従業者	職務内	①職務発明	－
	職務外	②業務発明	③自由発明

❶職務発明

性質上、使用者の業務範囲に属し、かつ、発明をするに至った行為が従業者の現在・過去の職務に属する発明です。

❷業務発明

使用者の業務範囲内にあって、職務発明に当たらない場合の発明です。例えば、メーカーの経理部門の従業者が技術開発に関する発明をした場合などです。この場合、予約承継は無効となり、使用者に法定通常実施権は認められません。

❸自由発明

使用者の業務範囲外の発明です。使用者は発明にかかわっていませんので、予約承継や使用者の通常実施権は認められません。例えば、休日に自宅で個人的に行って出来上がった発明が、自由発明に当たります。

[1] 職務発明

　職務発明とは、性質上、使用者の業務範囲に属し、かつ、発明をするに至った行為が従業者の現在・過去の職務に属する発明をいいます。

【2-3-2　職務発明の概要】

特許を受ける権利 （原則）	特許権者 （実際）	相手側への影響
従業者	従業者	使用者は無償の通常実施権を保有することになります。 ※仮に従業者の退職後などに他者へ権利を譲渡したとしても、使用者は権利を受けられます ※権利を受けた従業者が特許権を得たとしても、使用者は無償の通常実施権を保有します
	使用者 （会社）	従業者等は「相当の金銭その他経済上の利益（相当の利益）」を受けられます。 「相当の金銭その他経済上の利益（相当の利益）」は、使用者等と従業者等との間で行われる協議の状況、策定された当該基準の開示の状況、相当の利益の内容の決定について行われる従業者等からの意見の聴取の状況等を考慮して決められます。 ただし、契約、勤務規則その他の定めにおいてあらかじめ使用者等に特許を受ける権利を取得させることを定めたときは、その特許を受ける権利は、発明が発生したときから使用者等に帰属します（平成27年改正）。 →その場合、従業者等は、「相当の利益」を受ける権利があります。 ※会社が特許出願をするかしないかは関係ありません

[2] 平成27年職務発明改正

　平成27年の特許法の改正によって、契約、勤務規則その他の定めにおいてあらかじめ使用者等に特許を受ける権利を取得させることを定めたときは、その特許を受ける権利は、発明が発生した時から使用者等に帰属することとされています。よって、企業等の従業者が職務上発明を行った場合でも、契約、勤務規則その他の定めにおいてあらかじめ使用者等に特許を受ける権利を取得させることを定めたときは、特許を受ける権利は、従業者に帰属することなく、使用者等に帰属します。

　改正法では、上記の通り、職務発明に関する特許を受ける権利を初めから法人帰属とすることが可能とされています。しかしながら、法人によっては、従業者帰属とすることが望ましい場合もあります。したがって、改正後も、従業者に帰属させることが可能です。なお、従業員帰属とする場合、職務発明規定等に意思表示をし

ておく必要はなく、従来通りです。

【2 - 3 - 3　職務発明の比較】

	旧法	改正法
特許を受ける権利	従業員のもの。ただし、契約・社内規則などで定めれば会社のもの（承継できる）	従業員のもの。ただし、契約・社内規則などで定めれば会社のもの（原始取得できる）
従業員の権利	相当の「対価」	相当の「金銭その他経済上の利益」（相当の利益）
発明の社内規則	有無は会社次第	有無は会社次第。ただし、規則を定める場合、経済産業大臣が指針を公表

3　他の財産権との比較

【2 - 3 - 4　他の財産権との比較】

権利名	職務制度	権利者の考え方
実用新案権	職務考案	特許法と同じ
意匠権	職務意匠	特許法と同じ
商標権	－	－
著作権	職務著作	使用者

※商標権には創作という概念がないため、職務商標という概念はありません。

🔑 Keyword

▶　特許を受ける権利

　発明を完成した発明者に認められる権利の１つです。国家に対して特許権の付与を請求することのできる請求権（公権）としての性質と、発明の支配を目的とする譲渡可能な財産権（私権）としての性質を併せ持つ権利です。

▶　予約承継

　契約や勤務規則の定めにより、職務発明についての特許を受ける権利や特許権を従業員から会社に承継することをあらかじめ予約しておくこと。

過去問 トライアル解答　エ

職務発明に基づいて従業員が取得した特許権について、職務発明規則を作成しなかった場合、使用者は通常実施権を有さない。　　　　　　⇒×

▶　職務発明規則を作成していなくとも、使用者は通常実施権を有する。

4 特許権
特許権③特許権の取得手続

学習事項 特許権取得の流れ，特許権の期間，冒認・共同出願違反

このテーマの要点

特許権の取得手続の流れを理解しよう！

特許権は知的財産権の中でも特に代表的な権利です。本テーマでは特許権の出願から権利取得までの流れ、権利の有効期間、また、冒認・共同出願違反を学習します。各権利取得の流れは、特許取得までの流れ

発明　　　　権利取得　　　　効力

を把握した上で、他の権利と比較していくと理解しやすいと思われます。こうした学習を通して、知的財産権全体にわたっての基本的な考え方も併せて理解してください。

過去問 トライアル	平成23年度　第7問
	特許・意匠登録・商標登録制度
類題の状況	R02-Q8　R02-Q13　R01-Q15　H29-Q7　H26-Q13

特許・意匠登録・商標登録制度に関する記述として、<u>最も不適切なもの</u>はどれか。

ア 意匠登録出願人は、特許出願人と異なり、意匠権設定の登録の日から3年以内の期間を指定して、その期間その意匠を秘密にするよう請求することができる。

イ 特許権の存続期間の始期は、意匠権および商標権と同様に設定登録の日から起算される点で共通し、設定登録の日から20年をもって終了する。

ウ 特許出願は、意匠登録出願および商標登録出願と異なり、出願審査の請求を待って審査官により特許を受けることができる発明であるかについて審査が行われる。

エ 特許出願は、意匠登録出願と異なり、特許出願の日から1年6月を経過したときは特許掲載公報の発行したものを除き、願書に記載した事項および願書に添付した明細書等に記載した事項並びに図面の内容等が出願公開される。

1 特許権取得までの流れ・特許権の期間

【2-4-1　特許権の出願から期間満了まで】

出　願：「願書」＋「明細書」などの書類を特許庁に提出します
　　　　出願時に提出する「特許請求の範囲」という書類は特許権の効力が及
　　　　ぶ範囲を規定しており非常に重要です
　↓　←　方式審査（形式面のチェック）
出願公開：出願日から1年6ヶ月後に「公開特許公報」に自動的に掲載されま
　　　　す
　　　　（出願公開制度）出願公開は、出願人のみの請求によって、公開を
　　　　早めることができます

　↓
審査請求：出願日から3年以内に「出願審査請求書」を提出し、出願内容の審
　　　　査を開始してもらいます。審査請求のない場合、特許権は取り下げ
　　　　扱いになります。また、出願人以外も審査請求できます（出願人へ
　　　　その旨が通知されます）

　↓
実体審査：審査請求に基づいて、審査官が特許してよいかどうか審査します
　↓
特許査定：審査の結果、特許してよいとの判断がなされます
　↓
特許料納付：定められた特許料を納付します
　↓
設定登録：特許登録原簿に設定登録し、ここで初めて特許権が発生し、特許証
　　　　を交付してもらいます
　↓
特許公報掲載：特許権の内容が「特許公報」に掲載されます
　↓　←　特許異議申立制度（誰でも、特許公報発行日から6ヶ月以内）
　　　←　特許無効審判（利害関係人に限り、いつでも請求可能）
期間満了：出願の日から20年

2
知的財産権

💬 OnePoint　実体審査で特許査定を拒否された場合

①拒絶理由通知書が届きます。

②意見書・補正書（追加不可）を提出します。

　　　　↓

　拒絶理由が

　解消：特許査定

　解消されない：拒絶査定

③拒絶査定不服審判

　拒絶査定謄本が送達された日から３ヶ月以内に可能。

④審決取消訴訟

　審決謄本が送達された日から30日以内に可能。

❶ 特許出願

　特許を受けようとする者は、願書・明細書等の一定の書類を特許庁長官に提出して、特許出願をする必要があります。**特許出願がなされると、提出した書類に形式的な不備があるか否かについて、特許庁長官により審査がなされます（いわゆる「方式審査」）。**

❷ 出願公開

　特許出願から原則１年６ヶ月経過した時点で、特許庁長官は、出願内容を一律・強制的に公開します。これを「出願公開」といいます。

　なお、出願公開は、第三者に発明の模倣・盗用の機会を与えてしまうので、出願公開の効果として、補償金請求権を認め、利益の衡平を図ることとしています。

❸ 出願審査請求

　出願内容が特許権取得の要件（産業上の利用可能性、新規性、進歩性を有すること等）を備えているかどうかは、特許庁の審査官が審査して判断します。

　この審査は特許出願によって順番に開始されるものではなく、特許出願の日から３年以内に出願審査請求書を特許庁に提出することにより、初めて開始されるものとされています。もっとも、**特許出願と同時に、この出願審査請求をすることも可能です。つまり、特許出願されたもののすべてが審査されるわけではなく、**出願人または第三者が審査請求料を払って、この出願審査の請求があったものだけが審査されます。

　注意すべき点は、かかる出願審査請求書を出さないでおくと、特許出願の日から３年経過後に、その特許出願は取り下げたものとみなされます。**以後、この場合においては、その特許出願を権利化することはできなくなります。**

④ 実体審査

出願審査請求があると、特許庁の審査官が、「出願内容が特許の要件を満たしているか否か」を審査します。具体的には、拒絶理由の各号（特許法49条参照）に該当するか否かの審査がなされます。

主な審査項目としては、以下のものがあります。

a　自然法則を利用した技術思想か

b　産業上利用できるか

c　出願前にその技術思想はなかったか（**新規性**）

d　いわゆる当業者が容易に発明をすることができたものではないか（**進歩性**）

e　他人よりも早く出願したか

f　公序良俗に違反していないか

g　明細書の記載は規定通りか

審査官が出願内容に拒絶理由がないと判断した場合には、特許出願を特許すべき旨の査定（特許査定）をします。一方、審査官が、出願を拒絶する場合（拒絶査定）には、拒絶の理由を出願人に通知（拒絶理由の通知）をする必要があります。

この拒絶理由の通知を受けた出願人は、指定期間内（国内居住者60日、在外者３ヶ月）に出願内容を手直しするか（補正）、または、拒絶に対する反論のための意見書を提出することができます。

⑤ 不服申立て

拒絶査定があった場合、この査定に不服がある者は、**拒絶査定の謄本の送達のあった日から３ヶ月以内**（在外者は４ヶ月以内）に不服審判（拒絶査定不服審判）を請求できます。

⑥ 特許権の設定登録

特許査定がなされ、特許権の設定登録を経て、初めて、特許権が発生することになります。

設定登録には、原則として、**特許査定の謄本が特許出願人に送達された日から30日以内**に、初回に限り第１年から第３年度分を一括して特許料を納付する必要があります。特許権の設定登録がなされると、所定の事項が特許公報（特許掲載公報）に掲載されます。

⑦ 特許異議申立制度

特許付与後の一定期間（**特許掲載公報発行日から6ヶ月以内**）に限り、広く第三者に特許処分の見直しを求める機会を付与し、特許異議の申立てがあったときは、特許庁自らが当該処分の適否について審理して、当該特許に瑕疵があるときは、その是正を図ることにより特許の早期安定化を図る制度です。特許異議申立制度については、**何人**（利害関係人に限定されない）も特許異議の申立てをすることができます。具体的には、自然人、法人および法人でない社団または財団であって代表者

または管理人の定めがあるものが該当します。

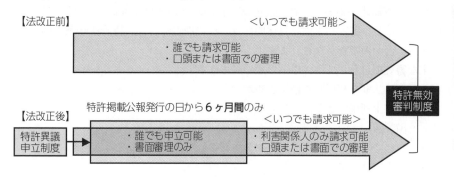

⑧ 特許無効審判

特許無効審判とは、瑕疵ある特許を無効として、特許権を遡及的に消滅させる審判のことをいいます。**利害関係人に限り請求可能**であり、基本的には、審判請求人と特許権者との当事者対立構造のもとで、審査官の合議による審査が行われます。この特許無効審判の係属中、一定期間に限り、特許権者は、明細書等の訂正の請求をすることができます。そして、無効審判の審決に対しては、審判請求人および特許権者は、審決取消訴訟を東京高等裁判所に提訴することができます。

【2-4-2　特許異議申立制度と特許無効審判制度の比較】

		特許異議申立制度	特許無効審判制度
①	申立人（請求人）適格	何人も	利害関係人（改正前は何人も）
②	申立（請求）期間	特許掲載公報発行の日から6ヶ月以内	いつでも請求可
③	申立（請求）理由	公益的理由	公益的理由、権利帰属、後発的理由
④	取消決定（無効審決）確定の効果	特許権が遡及的に消滅	特許権が遡及的に消滅
⑤	審理方式	全件書面審理	原則として口頭審理
⑥	申立（請求）の取下げ	取消し理由の通知があった後は、取下げ不可	審決確定後は取下げ不可
⑦	訂正請求	特許権者は、意見書提出期間に限り訂正請求可	被請求人は、答弁書提出期間に限り訂正請求可
⑧	申立人（請求人）の手続関与	特許権者による訂正がなされた場合に意見書の提出可	全面的に手続に関与
⑨	特許公報への掲載	特許異議の申立て、確定した決定は特許公報に掲載される	特許無効審判の請求、確定審決は特許公報に掲載される

⑩	手続料金	16,500円＋（請求項の数×2,400円）	49,500円＋（請求項の数×5,500円）

2 冒認・共同出願違反

　従前は、発明者とは異なる者など、特許を受ける権利を有しない者が、真の権利者に無断で発明を特許出願し、かつ、この特許が成立してしまった場合には、真の権利者が、この発明の権利を自分のものにする術がなく、その保護が十分ではありませんでした（真の権利者は、冒認者に対して損害賠償を請求したり、当該特許を無効審判により無効にすることができるにとどまりました）。特に問題なのは、発明者が出願しないでおり、出願公開後6ヶ月以内に冒認出願（発明をしていない者による出願）に気付くこともなく、他人の名義で特許権の設定登録がなされてしまった場合です。このような場合に、発明者としては、交渉により解決できなければ、特許権を無効として万人に開放した上で自分も利用するしかありませんでした。

① 移転請求権

　特許法の一部改正の施行日（平成24年4月1日）以降の特許出願においては、特許成立後でも、真の権利者に当該特許権を移転させることができるようになっています。移転請求権の主体は発明者です。共有特許の場合の移転請求権の行使は他の共有者と共同で行使しなければならないとの原則が適用されず、単独で請求できる旨を定めています。

② 冒認出願にかかわる特許についての発明者と第三者との関係

　真の権利者により移転請求権が行使された場合に、以下の通り、冒認者等からの特許権の譲受人等が当該特許権にかかわる発明の実施を継続できるようにすることとしています。

- (a) 真の権利者への特許権の移転の際、現に、特許権もしくは専用実施権またはそれらについての通常実施権を有する者であって、特許が冒認または共同出願違反の無効理由に該当することを知らないで、日本国内において当該発明の実施またはその準備をしているものは、
- (b) その実施または準備をしている発明および事業の目的の範囲内において、
- (c) その特許権について通常実施権を有する。

　一方、真の権利者は、通常実施権を有する者から相当の対価を受ける権利を有することとしています。

【2-4-3 冒認出願にかかわる特許についての発明者と第三者】

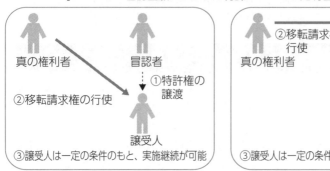

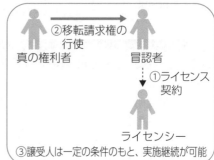

Keyword

▶ 先願主義

　同じ発明の場合、最も早く特許を出願した者に特許権が与えられます。もしも、同じ日に複数の出願があった場合は、特許出願した人同士が協議します。協議が不成立に終わった場合は、どちらも特許を受けられません。

▶ 拒絶理由の通知

　拒絶理由の通知には、拒絶理由の根拠条文・理由・引用文献などが記載されます。「新規性・進歩性の欠如」、「明細書等の記載不備」が拒絶理由の大半です。

▶ 拒絶査定不服審判

　出願人が拒絶査定を受けた場合に特許庁に対し、この適否を審理するように請求することのできる審判のこと。この審判は、特許査定前のものを対象とする審判です。

▶ 特許無効審判

　この審判は、拒絶査定不服審判と異なり、特許査定後の審判となります。

過去問 トライアル解答 イ

☑チェック問題

　特許出願は、出願のあった日から3年以内に出願審査請求をすることができるが、出願日から3年以内に出願審査請求がなかった場合は、特許出願は取り下げられたものとみなされる。また、出願審査の請求を行った後は、この請求を取り下げることはできない。　　　　　　　　　　　　　　　　　　　　⇒○

特許権
5 特許権④特許権の活用、侵害と救済

学習事項 権利の活用，権利（特許権）の侵害とならない行為，特許権侵害の成立要件，救済措置

このテーマの要点

専用実施権と通常実施権をしっかりと理解しよう！

　本テーマでは、特許権と実用新案権について、権利の活用方法を学習します。特に「実施権」を正確に理解することが大切です。特許権は財産権ですから、第三者に特許発明を実施させ、その代わりに実施料（ロイヤリティ）を得ることもでき

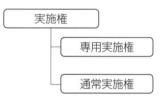

ます。この権利の設定方法によって「専用実施権」「通常実施権」に分かれます。頻出論点ですのでしっかりと理解してください。また、権利侵害に関しての対応方法については、自分と相手が保有している「権利の範囲」をしっかりと捉えることが重要です。これは常識的に判断しやすい論点と考えられます。

過去問 トライアル	平成21年度　第7問
	侵害警告に対する対処方法
類題の状況	R04-Q9　R03-Q16(1)(2)　H25-Q6　H25-Q8　H24-Q13 H19-Q9　H17-Q8　H15-Q7　H15-Q8

　A社の代表取締役社長からの次の質問に対する回答として最も適切なものを下記の解答群から選べ。

【A社の代表取締役社長からの質問】

　「当社は、平成16年（2004年）7月に設立され、設立時から苛性ソーダの製造・販売を主な事業としていますが、このたびB社から『貴社の苛性ソーダの製造方法について弊社の保有する苛性ソーダの製造方法に関する特許権に抵触するので直ちに製造・販売を中止し、現在市場に出回っている苛性ソーダを回収するように。』との警告書を受け取りました。当社内で調べたところ、この警告書に記載されたB社の保有する特許権の番号から特許出願がなされたのは平成17年（2005年）5月であることが分かりました。この警告書に対してどのように対処すればよいでしょうか。」

〔解答群〕

ア　B社の特許権にかかわる特許出願の時点で、すでに御社がB社の特許と同一の

方法により苛性ソーダの製造を行っていたことを立証できれば、B社の特許権が存続していても将来にわたり苛性ソーダの製造方法を実施する権利があります。

イ B社の特許権は、平成17年（2005年）5月に出願されており、まだ特許出願日から20年を経過していないため、現在でも有効に存続していることから、すぐに製造・販売を中止し、市場に出回っている御社の苛性ソーダを回収しましょう。

ウ 御社が用いている苛性ソーダの製造方法が、B社の保有する特許権にかかわる特許発明の技術的範囲に属するか否かの判定を特許庁に請求するのがよいと思います。

エ 御社は、B社の特許権にかかわる特許出願前から苛性ソーダの製造方法を実施していたので、B社の特許権にかかわる特許発明は特許出願前に公然実施された発明に該当するとして特許無効の審判を裁判所に請求して、B社とのライセンス交渉を行うことがよいと思います。

---

1 権利の活用

特許権や実用新案権は、下記のように権利を活用できます。

①実施（自分で使う）

②移転（他人に渡す）

③ライセンス 第三者に特許発明を実施させることで、自社は実施料を得ます。

(1) 専用実施権（登録：必要）

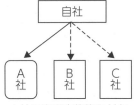

A社に専用実施権を付与

	発明の利用	差止請求など
自社	×	○
A社	○	○
B社	×	×
C社	×	×

- 専用実施権を付与されたA社以外（発明者である自社も含めて）は、その発明を利用することができません。

- 権利を侵害する者が現れた場合、差止請求などは自社（特許権者）とA社（専用実施権者）ができます。

(2) 通常実施権（登録：不要）←当然対抗制度

	発明の利用	差止請求など
自社	○	○
A社	○	×
B社	○	×
C社	○	×

A社・B社・C社に通常実施権を付与

（原則）
- 通常実施権を付与された会社および自社のすべての会社で発明を利用できます。
- 権利を侵害する者が現れた場合、差止請求等は、A・B・C社ではできません。

（発展）
- 原則として通常実施権者に差止請求をする権利はありませんが、自社（特許権者）に差止請求などの積極的な意思表示がない場合、特許権者の許諾を得れば、独占的通常実施権者も差止請求権を代行行使できるとする説があります。
- 例えば、自社がA社と、特許権にかかわるゲーム機について、日本で独占販売する製造販売許諾契約を結んでいる場合、A社が専用実施権や通常実施権の登録をしていなくても、法律上は通常実施権を有していると考えられます。

④ 当然対抗制度

　特許ライセンス契約において、万が一、当該特許権が特許権者から第三者に譲渡（売却等）されてしまうと、ライセンシーは、この特許権を譲り受けた第三者（特許譲受人）に対して、ライセンスを受けていることを主張・対抗することができないのが原則でした。このような場合に、ライセンシーが当該ライセンスを第三者に対抗できるようにするためには、ライセンス契約を受けていることを特許庁に登録しなければなりませんでした（通常実施権の登録制度）。しかし、このような登録をするには、ライセンシーとライセンサーの協力（共同申請や同意書）が必要ですが、ライセンシーからライセンサーに協力を求めることが容易とは限らないこと、登録をすると当該特許にライセンスがなされているという事実が公開されてしまうことなどから、この登録制度はほとんど活用されておらず（1年間で数件程度）、結果として、ライセンシーの保護が不十分であるという問題がありました。そこで、通常実施権の登録をせずとも、ライセンシーは、特許権譲受人（第三者）に対して、ライセンスを受けていることを対抗できるようになりました。特許法の改正により、特許権が第三者に移転した場合でも、ライセンシーは、通常実施権の発生が第三者による特許権の取得よりも前であることを立証すれば、当然に通常実施権を譲受人に対抗できるようになりました（当然対抗制度）。

当然対抗制度

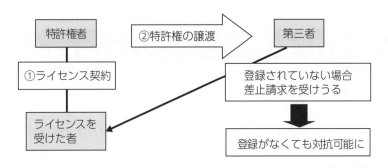

2 特許権の効力の制限

❶ 特許発明の実施の制限

特許発明でも、それが他人の特許発明、登録実用新案、登録意匠等を利用し、または意匠権もしくは立体商標に対する商標権と抵触する場合には、その特許権者は特許発明を実施できません。もっとも、第三者の無断実施に対する排他的効力までは制限されません。

❷ 法律上制限される場合

- 試験・研究のためにする行為
- 単に日本国内を通過するにすぎない船や航空機
- 特許出願時から国内にあるもの
- 処方箋による調剤行為または調剤する医薬

❸ 先使用による法定通常実施権

特許発明と同一の発明につき、出願前から善意に実施している者に認められる実施権です。

(1) 先使用権の成立要件

 a. 特許出願にかかわる発明の内容を知らない。

 b. 特許出願の際に日本国内で発明の実施に関する事業をしている、または事業を準備している。

(2) 先使用権の対価

 特許権者に支払う必要はありません。

❹ 特許権の消尽

特許権者から正当に購入した製品等を、使用したり、再販売したりしても特許権侵害とならないことを説明する理論です。用尽、消尽ともいいます。なお、特許権だけでなく、実用新案権、商標権、意匠権についても、消尽理論が適用されるとす

るのが一般的です。ただし、貸渡しやプログラム等の電気通信回線を通じた提供は、例外です。

3　特許権侵害の成立要件

特許権は、業として、特許発明を独占排他的に実施しえる権利です。この特許発明に関する物を第三者が勝手に製造・販売してしまうと、特許権者の独占性が害されることになります。

そこで、第三者による侵害行為があったときには、その独占性を維持するために、特許権者に対し、種々の救済措置が認められています。

❶ 特許権の侵害

特許権の侵害とは、特許権者以外の者が、正当な理由・権原なく、その特許発明を業として実施すること（直接侵害）、あるいは、いわゆる間接侵害行為をすることを意味します。

❷ 特許権侵害の成立要件

侵害は、正当な理由または権原なき第三者が業として特許発明を実施したときに成立します。これを成立要件として見た場合には以下の4点が問題となります。

①	正当な理由または権原があるか
②	業として
③	特許発明と同じか
④	実施に該当するか

① 　正当な理由または権原があるか

正当な理由または権原を有する者の実施は、特許権の侵害とはなりません。具体例としては、専用実施権・通常実施権・先使用による通常実施権、あるいは特許権の効力が及ばない範囲（試験・研究のための実施）等があります。

② 　業として

業としてでない場合、例えば、個人的・家庭的実施であるときには、侵害とはなりません。個人的・家庭的実施の場合にまで、侵害とすることは、行きすぎだからです。

③ 　特許発明と同じか

特許発明を実施した場合に限られます。特許発明でないものは、その特許権とは、無関係だからです。また、生産・販売は実施に該当し、侵害行為となります。

④ 　実施に該当するか

第三者が特許発明を実施しているか否かは、第三者の実施品が「特許発明の技術的範囲」に属するか否かで判断されます。技術的範囲に属さないと判断された場合には、侵害とはなりません。

4 特許権侵害に対する救済措置

特許権侵害となった場合（上記①～④の要件を満たした場合）、特許権者には次の民事上の救済が認められます。

❶ 差止請求権

差止請求権とは、特許権者または専用実施権者が、侵害者または侵害をするおそれのある者に対し、その侵害の差止めまたは予防を請求することができる権利をいいます。特許権の客体は無体物であり、特許発明の内容を理解できれば、誰でもそれを実施できることから、他人の実施を禁止することにより、当該特許権の独占を実現しようとするものです。

差止請求権は、「侵害者または侵害するおそれのある者」を対象としているので、現在または将来の侵害に対して行使することが可能です。また、差止請求権は、相手方の故意・過失を要件としない、つまり、侵害になるということを意識しているか否かにかかわらず行使することができます。

この意味で、差止請求権は、特許権の侵害防止策としては、最も有効的かつ直接的な救済措置といえます。

❷ 損害賠償請求権

この場合の損害賠償請求権とは、故意または過失により、自己の特許権を侵害した者に対し、侵害によって受けた損害の賠償を請求することができる権利のことをいいます。権利侵害による被害を金銭に換算して、侵害者に支払わせるというものです。

この損害賠償請求権の対象となるのは、差止請求とは異なり、過去に行われた侵害についてのみです。この損害賠償請求権については、特許法に規定はなく、民法の規定に従って、認められます。

❸ 不当利得返還請求権

不当利得返還請求権とは、正当な法律上の理由なく、他人の損失において財産的利得を受けた者に対し、損失者が最大限自己の受けた損失を限度として利得の返還を請求することができる権利のことをいいます。なお、相手方の故意または過失は要件とされていません。

特許侵害の場面では、第三者が特許権を侵害することにより利益を得て、その分、特許権者に損失が生じたとき、その損失分の返還を請求するという場合に利用される救済措置です。

この請求権は、特許法の規定ではなく、民法によって認められるものです。

❹ 信用回復措置請求権

信用回復措置請求権とは、故意または過失により、特許権者または専用実施権者の業務上の信用が害された場合に、特許権者または専用実施権者が、裁判所に対し

て信用回復に必要な措置を侵害者に命じるよう請求することができる権利のことをいいます。例えば、侵害者が粗悪品を販売したため、特許の信用が害された場合、新聞への謝罪広告掲載等を請求するために利用されます。信用回復措置請求権は特許法で認められた特別の救済措置です。

⑤ 刑事罰の適用について

上記の民事的救済のほかに、特許法では、特許権侵害者に対し、刑事罰を科して侵害行為を抑止しようとしています。具体的には、侵害者に対して、侵害罪・その両罰規定が適用されます。

🔑 Keyword

▶ **専用実施権**

設定行為で定めた範囲内において、業として、特許発明を独占排他的に実施することができる権利のことです。

▶ **通常実施権**

3種類あります。
①許諾
　設定行為で定めた範囲内において、業として、特許発明を独占排他的に実施することができる権利のことです。
②法定通常実施権
　職務発明・先使用権（→本テーマ内「2-3 先使用による法定通常実施権」参照）
③裁定実施権
　特許庁長官などの裁定で強制的に設定される実施権です。

▶ **間接侵害**

直接侵害には該当しないが、侵害に至る蓋然性の高い予備的行為をした場合に、それを侵害とみなすことを指します。具体的には、特許発明にかかわる「物の生産にのみ用いる物」や「方法の使用にのみ用いる物」の製造をする行為等です。

▶ **専用実施権者の差止請求権**

差止請求権は、「専用実施権者」にも認められています（特許法100条1項）。なぜならば、専用実施権者も当該特許権を独占排他的に実施する権利を有しているからです。ただし、設定行為で定めた範囲外の侵害に対しては、専用実施権者としては、差止請求権行使をすることはできません。

▶　両罰規定

　会社の代表者・従業員等が会社の業務に関して違法行為をしたとき、行為者本人を処罰するほか、会社をも処罰する旨の規定のことをいいます。

過去問　トライアル解答 ▶

☑**チェック問題**

　先使用権が認められた場合、特許権を取得した相手に対価を支払う必要はない。　　　　　　　　　　　　　　　　　　　　　　　　　　　　　⇒○

2

知的財産権

6 実用新案権
実用新案権

学習事項 取得の流れ，実用新案権の期間，実用新案技術評価書，実用新案に基づく特許出願，特許権との違い

このテーマの要点

実用新案権の概要を理解しよう！

実用新案権は、特許権と同様に産業の発達を目的とした権利です。審査は方式審査のみが行われ、実体審査がないため、特許権に比べると取得が容易です。そのため、流行の移り変わりの激しい分野などで、権利取得までの取得期間をできる限り短縮したい場合などにも、実用新案権の取得が選択されやすいです。本テーマでは、実用新案権に関しての取得まで

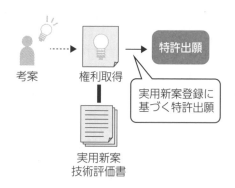

の流れ、また、実用新案権に特有の実用新案技術評価書や実用新案に基づく特許の出願について学習します。

過去問 トライアル	平成16年度　第6問（改題）
	実用新案権の概要
類題の状況	R05-Q10　R05-Q14　R05-Q13(再)　R05-Q15(再)　R04-Q12 R02-Q8　R02-Q12　R01-Q15　H30-Q10　H29-Q7　H28-Q6 H26-Q13　H21-Q6　H21-Q8　H17-Q5

次の文章を読んで下記の設問に答えよ。

産業上利用することができる考案であって物品の　A　にかかわる考案をした者は、一定の条件のもとに実用新案登録を受けることができる。この実用新案登録を有効に成立させるためには、　B　の要件が要求されているが、この要件は、実用新案権の設定登録の要件としては要求されていない。これは、実用新案制度が　C　を採っているからである。この実用新案権が発生すると、　D　の存続期間が認められている。実用新案権者は、自己の権利を侵害する者を発見したときは　E　を提示して警告した後でなければ、その権利を行使することはできない。

（設問1）

文中の空欄Aに最も適切なものはどれか。

ア　記号または立体的形状

イ　形状、構造または組合せ

ウ　形状、模様若しくは色彩またはこれらの組合せ

エ　思想または感情を創作的に表現したもの

オ　製造方法

（設問2）

　文中の空欄Bに最も適切なものはどれか。

ア　自己の業務にかかわるものであること、形状に表示するものであること

イ　新規性を有すること、進歩性を有すること、美感を有すること

ウ　新規性を有すること、進歩性を有すること、不登録事由に該当しないこと

エ　独自の思想または感情を具体的に表現したもの

オ　窃取、詐欺、脅迫その他の不正の手段によって得たものでないこと

（設問3）

　文中の空欄C・D・Eに適切な語句を記入せよ。

1　実用新案権取得の流れ・実用新案権の期間

【2-6-1　実用新案権の出願から期間満了まで】

出　願：3年分の登録料を出願と同時に納付　（「図面」は必須となります）

　↓　←　方式審査（実体審査は行われません）

設定登録

　↓

実用新案登録公報掲載

　↓　←　実用新案登録無効審判（誰でも・いつでも請求可能）

期間満了：出願の日から10年

2　実用新案技術評価書

　実用新案法は、実用新案技術評価書の制度を設けています。実用新案技術評価書とは、出願された考案の新規性、進歩性などについて特許庁の審査官が評価し、実用新案権の有効性の判断を示した書類のことです。

　実用新案権者は、実用新案権を行使する場合、この実用新案技術評価書を提示して警告した上でなければ、権利侵害者に対して損害賠償などを請求できない、とさ

れています。この技術評価書があることによって、保護に値しない考案に独占排他的な実施権が認められる危険性に対して備えをしています。

3 実用新案登録に基づく特許出願

平成17年の特許法改正により、実用新案登録出願から３年以内であれば、実用新案権として設定登録された後でも、実用新案登録に基づいて特許出願を行うことが可能になっています。この制度は、いったん実用新案権を設定登録し、市場動向を見ながら特許権への移行をすべきかを判断するということを可能にするものです。

【2-6-2　実用新案登録に基づく特許出願】

実用新案登録に基づく特許出願ができない場合（二重審査の防止）	①出願人または実用新案権者から、実用新案技術評価の請求があった場合
	②上記以外の者から実用新案技術評価の請求があった場合、請求があった旨の最初の通知から30日経過後（30日以内なら可）
再度実用新案への変更	できない
特許出願した後の実用新案技術評価の請求	できない
特許権の存続期間	実用新案の出願の日から20年

💬 **OnePoint**　実用新案の有効要件

実用新案権の有効要件としては、①産業上の利用可能性があること、②新規性があること、③進歩性があること、④不登録事由に該当しないこと、などがあります。

4 特許権と実用新案権との違い

考案者には、その考案についての排他的実施権が与えられ、この権利のことを実用新案権と呼んでいます。この実用新案権の内容は、特許権とほぼ同じですが、その存続期間は出願の日から10年と、特許権と比較して短くなっています。これは、実用新案にかかわる物は特許にかかわる物ほど大規模な発明でなく、したがって、その技術革新のスピードが一般に速く、長期間保護の必要が乏しいためです。また、出願費用が特許の半額程度と比較的廉価なのも実用新案の特徴です。

【2-6-3 特許と実用新案との違い】

	特　許	実用新案
高度性	必要	不要
方法にかかわる創作	含む	含まない
権利の存続期間	20年	10年

✂ Keyword

▶ **実用新案制度**

　実用新案制度とは、物品の実用価値を高める考案の保護および利用を図ることによってその考案を奨励し、特許制度を補完しつつ、産業の発達を目的とする制度です。

▶ **考案**

　考案とは、自然法則を利用した技術的思想の創作のうち物品の形状、構造、組合せにかかわるもののことです。

▶ **先願主義**

　実用新案権にも先願主義が適用されます。ただし、特許権と異なり、同じ日に複数の出願があった場合には、誰も登録を受けられません。

過去問　トライアル解答

(1)イ
(2)ウ
(3)C：無審査主義
　　D：出願の日から10年
　　E：実用新案技術評価書

☑チェック問題

　実用新案登録の対象となるのは、物品の形状、構造または組合せにかかわる考案である。この考案は、自然法則を利用した技術的思想の創作であれば、高度なものである必要はない。　　　　　　　　　　　　　　　　　⇒○

▶　実用新案権は、特許の補完的な位置付けで、特許権の対象となる発明に比べて、技術レベルが高度である必要はない。

2
知的財産権

7 意匠権
意匠権

学習事項 意匠の概要，意匠権取得の流れ，意匠権の期間，意匠権の効力，特殊な意匠権

このテーマの要点

意匠権の概要と効力を理解しよう！

　意匠法の目的は、意匠の保護および利用を図ることにより、意匠の創作を奨励し、もって産業の発達に寄与することです。意匠権は直接的にデザインを保護したものであり、この点で技術的思想を保護する特許権や実用新案権とは異なります。まずは、意匠法の概要として「意匠とは何か」「登

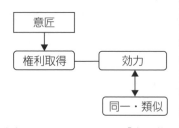

録要件」について理解してください。そして、試験上でも問われやすい「意匠権の効力」や「特殊な意匠権」について整理をしてください。

過去問 トライアル	平成25年度　第10問
	意匠権
類題の状況	R05-Q11(再)　R03-Q9　R02-Q8　R01-Q10　H29-Q7 H29-Q9　H28-Q8　H28-Q9　H27-Q12　H26-Q7　H26-Q13

　意匠権に関する記述として最も適切なものはどれか。

ア　Aは組物の意匠として一組の飲食用ナイフ、スプーンおよびフォークのセットの意匠登録を受けた。Aの当該意匠権の効力は、ナイフのみの意匠には及ばない。

イ　意匠権の効力は、商標権の効力とは異なり、登録意匠に類似する意匠には及ばない。

ウ　関連意匠の意匠権の存続期間は、関連意匠の意匠権の設定の登録の日から20年をもって終了する。

エ　業として登録意匠にかかわる物品を輸出する行為は、意匠権の侵害とはならない。

1 意匠の概要

① 意匠

　物品の形状、模様もしくは色彩もしくはこれらの結合、建築物の形状等または画像であって、視覚を通じて美感を起こさせるものです。必ずしも物品と結びついていることは必要でなくなり、無体物である「画像」、不動産である「建築物」、「内装」も意匠として保護されます。

- 物品性　　意匠法の対象とする物品とは、「有体物のうち、市場で流通する動産」をいいます。また、「建築物」（不動産）および「画像」も保護の対象となったため、物品を離れた形態のみの創作も意匠として認められます。
- 形態性　　模様のみや色彩のみでは意匠とは認められません。
- 視覚性　　視覚で捉えられること、肉眼で識別できること、外部から見えることが必要です。顕微鏡を使わなければ見えないものは意匠といえません。
- 美感性　　美を感じさせるものであることが必要です。

② 登録要件

- 工業上の利用可能性　　（産業上の利用可能性と異なり「農業や商業」は含みません。工業的に量産できれば、機械生産か手工業生産かは問われません。）
- 新規性　　（「公知」「刊行物記載」の場合、新規性を喪失します。「公用」がないのは、実質的に「公用」＝「公知」だからです。）
- 創作性　　（特許権などの進歩性の代替となる性質です。）

●OnePoint　物品

　物品とは流通性のある有体物たる動産、と考えられます。例えば、不動産は物品ではありません。しかし、工業的に量産できるプレハブ住宅は物品といえます。

2 意匠権取得までの流れ・意匠権の期間　※特許権との違い

　意匠権は特許権と権利の取得までの流れが類似していますので、異なる点のみ記載します。

(1)　出願：提出物は「願書」と「図面」のみです。
(2)　出願公開制度や審査請求制度はありません。
(3)　存続期間：出願の日から25年

3 意匠権の効力

【2-7-1 意匠の類似態様】

	物品同一	物品類似	物品非類似
形態同一	意匠・同一	意匠・類似	意匠・非類似
形態類似	意匠・類似	意匠・類似	意匠・非類似
形態非類似	意匠・非類似	意匠・非類似	意匠・非類似

※太枠内の、登録意匠に類似する意匠にまで効力が及びます。

4 特殊な意匠保護の諸制度

❶ 関連意匠　　本意匠とそれに類似する関連意匠のすべてを1つの意匠権として保護

① 関連意匠も登録要件を満たすことが必要です。

② 本意匠の出願日から10年以内に関連意匠の出願をすることが必要です。

③ 存続期間は、基礎意匠（当該関連意匠に係る最初に選択した一の意匠をいう。）の意匠権の出願の日から25年です。

④ 関連意匠にのみ類似する意匠についても登録できます。

❷ 部分意匠　　物品の一部にも独立の意匠権を認める制度

① 効力は部分意匠と同一・類似の意匠を含む全体意匠に及びます。

② 意匠公報の発行の日の前日までに、部分意匠の出願をすることが必要です。

❸ 組物意匠　　2個以上の独立した物品からなる物に対して1個の意匠権を認める制度

❹ 秘密意匠　　意匠権設定登録の日から3年を限度として意匠を秘密にする制度

① 出願人の請求により認められ、3年の範囲で延長や短縮ができます。

② 出願時だけでなく、第1年分の登録料の納付時に請求することもできます。

③ 秘密にしてもしなくても、意匠権自体の存続期間に変わりはありません。

● OnePoint　特殊な意匠

<関連意匠>

　25年以内であれば、仮に何らかの理由で本意匠が消滅したとしても、関連意匠は存続します。

<組物意匠：例>

　コーヒーカップとソーサー

<秘密意匠>

　意匠は物品の美的形態であり、一見して把握することができ、それを模倣や盗用することも容易です。それを防ぐため制定された制度です。

過去問 トライアル解答 ▷ **ア**

☑チェック問題

　意匠権の効力は、商標権の効力とは異なり、登録意匠に類似する意匠には及ばない。　　　　　　　　　　　　　　　　　　　　　　　　　　⇒×

▶　意匠権の効力は、登録意匠に類似する意匠も及ぶため適切ではない。意匠の保護は、独占排他権たる意匠権を意匠権者に付与することにより達成される。そして、特許法等と異なり、意匠権はその保護を十分にするため、登録意匠と同一の範囲のみならず、類似の範囲にまでその効力が及ぶ（同法23条）。これは、意匠法は特許法等と同様に創作を保護するものではあるが、保護対象が具体的な物品の形状等にかかわる意匠であり、仮に、出願された意匠と同一の範囲でしか保護しないとすれば、創作を十分に保護することができないからである。

8 商標権
商標権①要件・効力

学習事項 商標の概要，登録要件，商標権の効力，商標権の制限

このテーマの要点

商標の登録要件や効力を理解しよう！

　本テーマでは、商標に関して「商標とは」「商標登録の要件」「商標権の効力」「商標権の制限」について、一通り基本的な論点を学習します。近年の本試験においては、商標に関して詳細な知識を問う出題も目にしますが、まずは基本的な論点を押さえることで、本番での現場対応力を養っていきましょう。

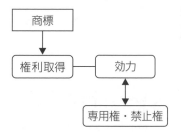

過去問 トライアル	平成17年度　第6問（設問1）
	商標の登録要件
類題の状況	R05-Q15　R01-Q10　H28-Q10　H27-Q8　H26-Q8 H23-Q9　H22-Q9　H22-Q10　H19-Q10　H17-Q6(2)

　高齢化社会を迎え老人の介護が社会問題化している現在、甲は、「優愛」（ゆうあい）という商号の株式会社優愛を1年前に設立して、老人の介護を行うヘルパーを派遣する業務を行ってきた。甲は、株式会社優愛が、規模が小さく、知名度が全くなかったので、会社の規模拡大をめざし、全国に系列病院を多数有する総合病院Yに働きかけ、総合病院Yと連携して退院後における老人介護のヘルパーの派遣体制の確立に取り組むことにした。

　そこで、甲は、総合病院Yとの連携にあたって、介護業務に愛称を付けることを考え、社名の「優愛」では現代において受け入れられ難いと思い、社名「優愛」と称呼が同じになる図案化されていないアルファベットの「U」と「I」を結合し標準文字で作られている「UI」の文字を業務案内等のパンフレットのタイトルに使用することとした。また、会社の事業姿勢がすぐ分かる標語を考えついて「老人に優しさを、介護の仕事に愛をもって接します」という標語を作ってパンフレットに印刷して使用し始めた。

　株式会社優愛は、「UI」について商標登録を受けて商標法で保護を受けたいと考え、あなたのアドバイスを求めた。

次のアドバイスの中で最も適切なものはどれか。

ア 「ＵＩ」は、アルファベットの「Ｕ」と「Ｉ」の２文字から構成された簡単な標章ですから、自社の社名「優愛」と称呼が同じであっても使用し始めたところですので図案化しない限り保護されません。

イ 「ＵＩ」は、甲が独自に考えついた標章ですから、例え図案化されていない標準文字で作られていたとしても独創性がありますので、介護ヘルパーを派遣する業務の商標として登録を受けることができます。

ウ 株式会社優愛は介護を必要とする老人に介護ヘルパーを派遣する業務において「ＵＩ」を最初に使用し始めたものですから、何の手続もしなくても商標法で保護されます。

エ 標準文字で作られている「ＵＩ」は、株式会社優愛の規模が小さく知名度が全くなくても、社名と称呼が同じですので商標登録を受けることができます。

1 商標の概要

❶商標

人の知覚によって認識することができるもののうち、文字、図形、記号、立体的形状もしくは色彩またはこれらの結合、音その他政令で定めるもの（標章）であって、商品・役務（サービス）に使用するものです。色彩のみ、音のみの商標も認められています（平成26年商標法改正）。

また、諸外国での権利取得の事例が相当程度ある商標について、将来的な保護ニーズの高まりに迅速に対応し保護対象に追加することができるよう、商標の定義を政令委任することとされています。その改正で商標の登録ができるようになったものは、次の５つのタイプです。

動き商標	文字や図形等が時間の経過に伴って変化する商標（例えば、テレビやコンピューター画面等に映し出される変化する文字や図形など）
ホログラム商標	文字や図形等がホログラフィーその他の方法により変化する商標（見る角度によって変化して見える文字や図形など）
色彩のみからなる商標	単色または複数の色彩の組合せのみからなる商標（これまでの図形等と色彩が結合したものではない商標）（例えば、商品の包装紙や広告用の看板に使用される色彩など）
音商標	音楽、音声、自然音等からなる商標であり、聴覚で認識される商標（例えば、CMなどに使われるサウンドロゴやパソコンの起動音など）
位置商標	文字や図形等の標章を商品等に付す位置が特定される商標

❷ 商標の機能

① 出所表示機能　同じ商標が付いた商品は同じ出所のものと認識させます。

② 品質保証機能　同じ商標が付いた商品は同じ品質を有すると認識させます。

③ 宣伝広告機能　商標を手がかりに商品等の購買意欲を起こさせます。

❸ 登録要件　自他商品・役務識別力があること

以下の商標は、識別力がないため登録は認められません。

① 普通名称・慣用商標　商品「時計」に名称「時計」

② 品質・効能等の通常表示　役務「レストラン」に名称「高級料理」

③ ありふれた氏・名称　「鈴木」の氏　単なるスローガン

④ 簡単な商標　「☆」「ＡＢ」

→　ただし②～④については、使用された結果、需要者が商品・役務を認識できるものについては、登録を受けることができます。

❹ 商標登録を受けることができない商標

商標が自他識別能力を有するとしても、公益観点、その他一定の私益保護の観点から、商標登録が認められないことがあります。

①国旗、菊花紋章、勲章、褒章または外国の国旗と同一または類似の商標

②国際連合その他の国際機関を表示する標章であって経済産業大臣が指定するものと同一または類似の商標（例外あり→OnePoint参照）

③公の秩序や善良の風俗を害するおそれがある商標

④他人の肖像、氏名、名称、著名な雅号・芸名・筆名等（その他人の承諾を得ているものを除く。）

⑤他人の業務にかかわる商品または役務と混同を生ずるおそれがある商標

⑥商品の品質または役務の質の誤認を生ずるおそれがある商標

❺ 商標の類似

商標が類似して商品・役務の出所に誤認や混同を生ずるおそれがある場合、総合的に類似性が判断されます。

(1)　外観類似　「Ｊａｐａｘ」と「ＪａｐａＸ」

(2)　観念類似　「でんでんむし物語」と「かたつむり物語」

(3)　称呼類似　「ダイラマックス」と「ダイナマックス」

● OnePoint　商標の登録要件

　商標権の登録要件は、自分のものと他人のものを「区別できること」です。「区別できない・しにくい」場合、商標登録は難しいと考えてよいでしょう。一般的には、ＣＤＥなどアルファベット３文字以上であれば商標登録できると考えられます。過去問トライアルの「ＵＩ」（アルファベット２文字）は原則として自他識別力を有していないため、商標権を受けられません。

　種苗法における品種登録の期間経過後の名称は、普通名称化されていると考えられます。

＜その他ポイント＞

①　同じ商標がある場合、既に商標権を持っている人が承諾したとしても、商標登録はできません。

②　無効審判や権利の放棄等によって商標権が消滅した場合に、１年間を待たずして、その商標と同一または類似の関係にある商標について、直ちに他人が商標登録を受けることが可能となります。ただし、存続期間満了によって消滅した場合は、満了後１年間は更新の可能性があるので、その間の他人の商標登録は認められません。

③　有名人などの著名な芸名は商標登録できません（本人の承諾があればＯＫ）。

● OnePoint　国際機関を表示する標章であって、経済産業大臣が指定するものと同一・類似の商標（商標法４条１項３号（平成26年改正））

　国際機関を表示する標章であって経済産業大臣が指定するものと類似の商標（商標法４条１項３号）であっても、自己の業務に係る商品・役務を表示するものとして需要者の間に広く認識されている商標またはこれに類似するものであって、その商品・役務またはこれらに類似する商品・役務について使用をするものであれば、商標登録され得ます（同号イ）。このような商標であれば、国際機関と関係があるとの誤認を生じないと考えられるため、平成26年の法改正により、３号の例外として定められています。また、国際機関の略称を表示する標章と同一または類似の商標からなる商標であって、その国際機関と関係があるとの誤認を生ずるおそれがない商品・役務について使用をするものも、３号の例外とされています（同号ロ）。例えば、政府間国際機関「国際交通フォーラム」のフランス語表記の「ＦＩＴ」標章とわが国の周知商標（ホンダの乗用車「ＦＩＴ」）とは、文字列を共通にするものの両者の間に何らかの関係があるとは誤認させず、このような場合には、国際機関を表示する標章と同一・類似の商標であったとしても、その登録が認められます。

2　商標権の効力

実体審査を経て設定の登録がされると、商標権が発生します。商標権の効力として、他の知的財産権と同様、独占的効力と排他的効力があります。

① 専用権（独占的効力＋排他的効力）

商標権者が指定商品または指定役務について、独占排他的に登録商標を使用することができます。これを専用権といいます。

専用権の範囲内において、独占的に使用でき、また、権原なき第三者の専用権の範囲内における使用を排除することもできます。

② 禁止権（排他的効力）

権原なき第三者が、登録商標と類似する範囲を使用した場合には、出所の混同を生じる可能性があるので、自己の登録商標と類似する範囲についての使用を禁止する効力が認められています。これを禁止権といいます。

なお、禁止権の範囲では、第三者の使用が禁止される結果、商標権者は結果として、禁止権の範囲内で事実上、登録商標を使用することが可能となりますが、これはあくまでも事実上使用が認められるにすぎず、法的に使用が認められるものではありません。

<table>
<tr><td colspan="2" rowspan="2"></td><td colspan="3">指定商品・指定役務</td></tr>
<tr><td>同一
（例：シャンプー）</td><td>類似
（例：せっけん）</td><td>非類似
（例：ヘアブラシ）</td></tr>
<tr><td rowspan="3">登録商標</td><td>同一
（例：コロネート）</td><td>専用権</td><td>禁止権</td><td>＊防護標章制度に基づく禁止権</td></tr>
<tr><td>類似
（例：CORONET）</td><td>禁止権</td><td>禁止権</td><td>×</td></tr>
<tr><td>非類似
（例：コレスキット）</td><td>×</td><td>×</td><td>×</td></tr>
</table>

（太枠内に商標権の効力が及びます）

専用権：（独占的効力＋排他的効力）　禁止権：（排他的効力）

3　商標権の制限

本来ならば不登録事由に該当するような以下の商標に対しては、商標権の効力は及びません。しかし実際、下記(1)～(4)のような商標でも、上記の登録要件に反して、商標の登録を受けてしまう場合があります。そうした際に、同様に普通名称を使っている使用者に問題が発生しないように、「商標権の制限」が定められています。

(1)　普通名称

(2)　普通に用いられる商標

(3) 慣用的な商標

(4) ＪＩＳやＩＳＯの定めに基づく立体的形状

⚷ Keyword

▶ **防護標章制度**

　著名登録商標（同一の商標に限ります）と出所混同のおそれがある非類似商品等について、一定の条件下で著名登録商標の商標権者による登録を認める制度です（ＳＯＮＹ・味の素など）。

過去問 トライアル解答 　▶　ア

☑チェック問題

　予備校で講座の教材として用いられる印刷物は、独立して取引の対象とされる場合であっても、商標法上の商品ではない。　　　　　　　　　　　⇒×

▶　商標法には商品の明文規定はないが、法目的等から一般的には、①取引の対象となること、②流通過程に乗ること、③ある程度量産可能なものであること、の３要素を備えたものが商品と解されている。例えば、お菓子の「おまけ」の玩具は②③を満たすが①を満たさないし、ハンバーガー店内で提供されるハンバーガーは①③を満たすが②を満たさないため、商品ではないとされる（上記の例で、そのハンバーガーがテイクアウトされれば②を満たし、法的に「商品」とみなせる）。予備校の講座の教材として用いられている印刷物が、独立して取引の対象となっている場合、①②③の要件を満たしているため、商標法上の商品である。

2

知的財産権

商標権
9 商標権②先使用権

学習事項 商標権取得までの流れ，商標権の期間，先使用権

このテーマの要点

商標法の取得と先使用権を理解しよう！

　商標法は、商標保護により商標使用者の業務上の信用の維持を図り、産業の発達と需要者の利益を保護することを目的とした法律です。他の産業財産法が「実施」という概念を使うのに対し、商標法は「使用」という概念を使います。また、商標法には「創作」という概念もありま

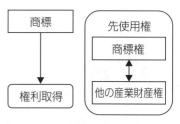

せん。そのため、商標権は他の産業財産権（特許権・実用新案権・意匠権）とは異なる点が多いことが特徴です。本テーマでは商標権取得までの基本的な流れを押さえるとともに、先使用権について商標権とそれ以外の権利との違いを学習します。

過去問 トライアル	令和元年度　第14問
	商標権の先使用権
類題の状況	R05-Q13　R05-Q15(再)　R03-Q13　R02-Q8　H29-Q7 H27-Q10　H26-Q9　H26-Q13　H21-Q7　H21-Q9　H19-Q6

　以下の会話は、中小企業診断士であるあなたと、県内で複数の和菓子店を展開する甲株式会社の代表取締役A氏との間で行われたものである。会話の中の空欄に入る記述として、最も適切なものを下記の解答群から選べ。

A　氏：「おととい、東京にある乙株式会社から警告書が送られてきて驚いています。」

あなた：「どのような内容ですか。」

A　氏：「うちで販売するどら焼きの名前が、昨年、乙株式会社が「菓子・パン」について登録した商標と類似するそうで、直ちに販売を中止しなさい、という内容です。どうしたらいいでしょう。」

あなた：「確か、御社のどら焼きは昭和の時代から販売している名物商品ですよね。それであれば、先使用権を主張できるかもしれませんよ。」

A　氏：「その先使用権とはどういうものですか。」

あなた：「不正競争の目的でなく、 _____ 、継続してその商標の使用をする権利を
　　　　　有する、という商標法上の規定です。」
A　氏：「ということは、うちのどら焼きの販売を中止する必要はないのですね。」
あなた：「そうです。知的財産権に詳しい弁護士さんを紹介しますので、相談され
　　　　　てはいかがですか。」
A　氏：「よろしくお願いします。」

〔解答群〕
ア　乙株式会社の商標登録出願前から、御社がどら焼きについて御社商標を使用し、
　　または使用する準備をしているときは
イ　乙株式会社の商標登録出願前から、御社がどら焼きについて御社商標を使用し
　　ていた結果、乙株式会社の商標登録出願の際、現に御社商標が御社の業務に係る
　　どら焼きを表示するものとして、需要者の間に広く認識されているときは
ウ　乙株式会社の商標登録前から、御社がどら焼きについて御社商標を使用し、ま
　　たは使用する準備をしているときは
エ　乙株式会社の商標登録前から、御社がどら焼きについて御社商標を使用してい
　　た結果、乙株式会社の商標登録の際、現に御社商標が御社の業務に係るどら焼き
　　を表示するものとして、需要者の間に広く認識されているときは

2

知的財産権

1 商標権取得までの流れ・商標権の期間

【2-9-1　商標権の出願から期間満了まで】

出　願：「願書」を特許庁に提出します
　↓　　←　方式審査（形式面のチェック）
出願公開
　↓　　←　審査請求制度なし
実体審査：特許庁の審査官が、出願された商標が登録されるべき要件を満たし
　　　　　ているか否かの審査を行います
　↓
登録査定：出願日から１年６ヶ月以内に拒絶理由が発見されない場合、登録さ
　　　　　れます
　↓
登録料納付：定められた登録料を納付します
　↓
設定登録
　↓
商標公報掲載：商標権の内容が「商標公報」に掲載されます
　↓　　←異議申立て（商標公報発行から２ヶ月以内・誰でも申立てができます）
　↓　　←商標登録無効審判（設定登録から５年経過で無効・利害関係者のみ）
期間満了：登録の日から10年（更新制度があります）

● OnePoint　出願のポイント

＜先願主義＞
　商標法も先願主義がとられます。ただし、同じ日に複数の出願があった場合は、
当事者による協議を行い、不成立の場合はくじによって決められます。

＜実体審査で登録査定を拒否された場合＞
　特許法や意匠法と同じ流れです。

2 先使用権（商標権とその他の産業財産権）

　他社が何らかの知的財産権（X）を開始する以前から、自社でXを行っていた場
合に、他社が権利を取得・登録した場合でも、自社がそれを知らなかった（善意の）

ときは、無償の通常実施権が与えられる権利を先使用権といいます。商標権とその他の産業財産権で異なる点に注意してください。

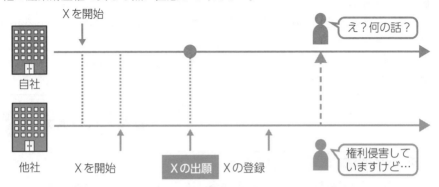

先使用権が認められるか？＝自社には無償の法定通常使用権があるかどうか？

> 特許権・実用新案権・意匠権 ⇒ 善意（知らなかった）の場合、原則、認められます。
> 商標権 ⇒ 他社がXを出願した（●）の時点で、需要者の間に広く知られている（周知性がある）必要があります。

- 先使用権が認められた自社は、同じ範囲内であれば無償で使用することが可能です。
- ただし、商標権の場合は、現在展開している地域でのみ継続して展開できます。また、他社（商標権者）は、自己の業務に係る商品等との混同を防ぐために適切な表示をすることを請求できます。

● OnePoint　先使用権が認められるには？

　試験対策上は、上記のような時系列の図を書き、

①自社の開始時
②他社の開始時
③他社の出願時
④他社出願時における需要者への周知性（商標の場合）

について、整理することがポイントです。

　過去問トライアルでは、乙株式会社の商標出願時に、甲株式会社の商標に周知性があるときは、甲株式会社に先使用権が適用されます。

　商標権の先使用権は、需要者の間で、一定の地域において知られていればよい（全国的でなくてよい）と考えられています。

⚷ Keyword

▶ **不使用取消審判**

　継続して３年以上日本国内において使用されていない商標登録の取消しを請求できる制度です。日本の商標法は「登録主義」を採用しているため、権利の発生と使用が必ずしも一致していない場合があります。これを防ぐための制度であり、誰でも請求することができます。

過去問 トライアル解答 ▶ **イ**

☑チェック問題

　他人の商品「おもちゃ」にかかわる商標「スター」についての商標登録出願前から、商標「スター」を周知性を得られないまま善意で商品「おもちゃ」について使用していた者は、たとえその商標登録出願が商標登録された後でも商標「スター」を商品「おもちゃ」について継続的に使用することができる。　　⇒×

▶ 周知性がないことから、継続的に使用することはできない。先使用権は、単に権利者の出願前から自分で使用しているだけで認められるわけではなく、出願時点で周知になっている必要がある。

MEMO

10 著作権
著作権①著作権の概要

学習事項 著作権の位置付け，著作者人格権，著作物，著作権の保護期間

このテーマの要点

著作権の基本的な概念を理解しよう！

本テーマと次テーマでは著作権について学習します。著作権は、これまで学習してきた産業財産権とは大きく特徴が異なっています。まず、産業財産権が産業の発達を目的としていることに対して、著作権は文化の発展を目的としています。

	著作権	産業財産権
目的	文化の発展	産業の発達
主な保護対象	表現そのもの	アイディアなど

また、産業財産権はアイディアなどを中心とした保護対象に対して、審査によって権利が与えられますが、著作権では、創作と同時に表現に対して権利が発生します。

過去問トライアル	平成18年度　第6問（改題）
	著作権の概要
類題の状況	R04-Q15　R01-Q9(2)　R01-Q11　H29-Q11　H29-Q12 H27-Q7

著作物は、思想または感情を　A　に表現したもので、著作権は　B　の時に発生し、個人の著作権は　C　の経過によって消滅する。著作者には、著作者人格権が認められており、この著作者人格権には　D　が認められており、著作権を侵害する者または侵害するおそれがある者に対して、その　E　を請求することができる。

（設問1）

文中の空欄Aに入る語として、最も適切なものはどれか。

ア　技術的　　イ　創作的　　ウ　独創的　　エ　美的

（設問2）

文中の空欄Bに入る語として、最も適切なものはどれか。

ア　著作権設定登録申請　　イ　著作権登録

ウ　著作物の公表　　　　　エ　著作物の創作

（設問3）

　文中の空欄Cに入る語として、最も適切なものはどれか。

ア　公表後70年　　　　　　イ　著作者の死後70年

ウ　著作者の死後100年　　エ　著作権設定登録の日から25年

（設問4）

　文中の空欄Dに入る語の組み合わせとして、最も適切なものはどれか。

ア　公表権、実名使用権、秘密保持権

イ　公表権、氏名開示権、同一性使用権

ウ　公表権、氏名表示権、同一性保持権

エ　公表権、変名使用権、同一性保持権

（設問5）

　文中の空欄Eに入る語として、最も適切なものはどれか。

ア　侵害物品に対する仮差押え　　イ　侵害による損害賠償

ウ　侵害の停止または予防　　　　エ　侵害物品の引き渡し

1　著作権の位置付け

　著作権は文化的創作を保護し、文化の発展を目的としています。この点で、産業の発達を目的とする他の産業財産権と大きく異なります。

① 無方式主義

　産業財産権では審査によって権利が付与されますが、著作権は創作した時点で権利が発生します。権利の発生には何らの手続も要求しない無方式主義を採用しています。

② 権利の侵害

　著作権では表現の模倣が禁止されます。そのため、模倣でなければ著作権侵害には当たりません。他人の著作物に依拠して創作したものでなければ著作権の侵害にはなりません。

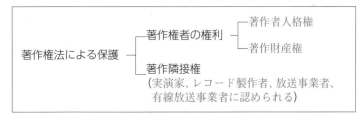

著作権法により保護される権利は、著作者の権利と著作隣接権に大別されます。著作者人格権には、以下の３つの権利があります。

公表権	著作者が未公表の著作物を公表するかしないか、さらに公表するとした場合の時期と方法を決定することができる権利です。著作者の同意を得ずに公表された著作物は未公表のものとして扱われます。
氏名表示権	公表する著作物に自己の氏名を掲載するかどうか、さらに掲載するとすれば実名か変名（ペンネーム等）かを決めることができる権利です。
同一性保持権	著作物の内容や題号を勝手に改変されない権利です。学校教育に著作物を利用することや、建築物の増改築を行うなど、必要やむを得ない場合、著作者に許諾を得ない改変が許容されることがあります。

● OnePoint 権利の譲渡・相続

　著作者人格権は、人格的利益を保護するため、譲渡・相続できません。
　一方、著作財産権は、著作者の経済的利益を保護するため、譲渡・相続ができます。

3 著作物

　思想または感情を創作的に表現したものであって、文芸、学術、美術または音楽の範囲に属するものをいいます。

(1) 思想または感情　　　単なるデータの列記は著作物ではありません
(2) 創作的　　　　　　　模倣や歴史的事実は著作物ではありません
(3) 表現　　　　　　　　頭の中で考えているだけでは著作物ではありません
(4) 表現したもの　　　　録音や印刷など固定されている必要はありません
(5) 文芸等の範囲に属する　この範囲に属さない工業製品は著作物ではありません

● OnePoint 著作物になるもの・ならないもの

　＜著作物になるもの＞
　・即興曲
　・子供が描いた絵
　・プログラム（コンピュータ）
　・講演内容

<著作物にならないもの>
・数学の公式
・プログラム言語や規約
・報道やデータ

4 著作権の保護期間

<原則>　著作者（実演家）人格権　　……死亡時まで
　　　　著作財産権　　　　　　　　……著作者の生存中および死後70年
<例外>　無名・変名／団体名義の著作物　……公表後70年
　　　　映画の著作物　　　　　　　　……公表後70年
※著作隣接権　……～後70年

● OnePoint　著作権、保護期間

　ある小説の著作者が1970年6月1日に死亡していた場合、その著作権の保護期間の満了日は、以下のように換算します。

　死亡した日の属する年の翌年から起算するので、1971年の1月1日が保護期間の終期の起算日となります。そして、この日から70年後の2040年12月31日に保護期間が満了することになります。

⚷ Keyword

▶　依拠
　既存の著作物を参照しながら、その表現を模倣して自己の作品を作り出すことです。

過去問 トライアル解答

(1)イ
(2)エ
(3)イ
(4)ウ
(5)ウ

　A社では、会社の創立50周年記念誌を制作している。外部のデザイナーB氏が、各ページの基本レイアウト、表紙デザインを行った。A社では、社外の執筆者C氏による文章や写真家D氏が撮影した写真を掲載して記念誌を完成させる予定である。この場合、執筆者の文章に数行にわたり不適切な表現がある場合、執筆者C氏に通知をすれば、A社はその部分を削除することができる。　　　⇒×

▶　著作者には著作物および題号の同一性を保持する権利である同一性保持権が認められており、著作者の意に反して著作物および題号の変更、切除その他の改変を受けることはない（著作権法20条1項）。したがって、著作物について切除する際には著作者（C氏）に通知をするだけでは足りず、その同意を得る必要がある。

著作権
著作権②著作隣接権

学習事項 著作隣接権，著作財産権，著作者，その他の著作物，著作権の制限

このテーマの要点

職務著作や著作財産権などのポイントを押さえよう！

前テーマでは著作権の基本的な概要について学習しました。本テーマでは、補足的な論点として、「著作隣接権」「著作財産権」「二次的著作物」「編集著作物」「データベースの著作物」、また、著作権の使用許諾が不要となる「引用」、職務上の創作における「職務著作」などについて学習します。

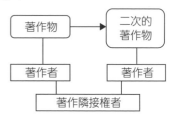

試験対策上、事例問題が出題された場合、「著作物は何か」「著作権者は誰か」をしっかりと把握することが重要となります。

過去問 トライアル	令和2年度　第9問
	職務著作
類題の状況	R05-Q12(再)　R01-Q9(1)　H30-Q18(1)　H27-Q13 H27-Q14　H25-Q12　H25-Q14(2)　H20-Q11　H19-Q12

以下の会話は、Ｃ株式会社の代表取締役甲氏と、中小企業診断士であるあなたとの間で行われたものである。

会話の中の空欄ＡとＢに入る記述の組み合わせとして、最も適切なものを下記の解答群から選べ。

甲　氏：「当社が製造販売するアイスキャンディーに使っている恐竜のキャラクター『ガリガリザウルス』をご存じですよね。いま、すごく人気が出ているのですが、このフィギュアやステッカーを作って販促品にしようと思っています。そこで、あらためて、このキャラクターの著作権が誰のものか気になって、相談したいのです。」

あなた：「その『ガリガリザウルス』の絵柄は、どなたが描いたのですか。」

甲　氏：「当社の商品開発部が考えた商品コンセプトに基づいて、パッケージデザインを担当する宣伝部の若手社員が業務として描き下ろしたものです。」

あなた：「そういうことでしたら、その絵柄は職務著作に該当しそうですね。」

甲　氏：「その職務著作とやらに該当したら、『ガリガリザウルス』の絵柄の著作権

は、誰の権利になるのでしょうか。」

あなた：「社員と会社との間に契約、勤務規則その他に別段の定めがないのでしたら、著作者は　A　となります。権利については　B　ことになります。」

甲　氏：「なるほど、分かりました。」

〔解答群〕

ア　A：従業者である社員

　　　B：著作者人格権は社員が有しますが、著作権は使用者である会社が有する

イ　A：従業者である社員

　　　B：著作者人格権は社員が有しますが、著作権は使用者である会社と社員が共有する

ウ　A：使用者である会社

　　　B：著作者人格権と著作権の両方を会社が有する

エ　A：使用者である会社

　　　B：著作者人格権は会社が有しますが、著作権は会社と従業者である社員が共有する

1 著作隣接権

著作隣接権は既に創作された著作物を公衆に伝達するものに与えられる権利です。著作隣接権者（①実演家、②レコード製作者、③放送事業者、④有線放送事業者）には、著作財産権のみが与えられるのが原則ですが、実演家は著作者人格権も与えられます。

2 著作財産権

著作財産権は、無断で「～させない権利」と考えると理解しやすいです。代表的な著作財産権として以下のものがあります。

複製権	著作物を印刷、写真、複写、録音、録画などの方法によって有形的に再製する権利です。
公衆送信権・伝達権	著作物を自動公衆送信したり、放送したり、有線放送したり、また、それらの公衆送信された著作物を受信装置を使って公に伝達する権利です。蓄積（アップロード）は著作権侵害になります。
譲渡権	映画以外の著作物の原作品または複製物を公衆へ譲渡する権利です。なお、譲渡権のみ用尽論が適用されます。
翻訳権・翻案権	著作物を翻訳、編曲、変形、翻案等する権利（二次的著作物を創作することに及ぶ権利）です。

2 知的財産権

3 著作者

　著作者とは「著作物を創作する者」です。ただし、職務上の著作物の著作者は、一定の場合、法人（使用者）となります。

① 職務著作

　従業者が職務上作成する著作物は、別段の定めがない限り、初めから使用者が職務上創作された著作物の著作者となります。特許権との違いを確認してください。

　ちなみに、職務著作の要件を満たすためには、①著作物が使用者の発意に基づいて作られたものであること、②法人等の業務に従事する者が作成したものであること、③従業者が職務上作成した著作物であること、④法人等が自己の著作の名義のもとに公表する著作物であること、⑤著作物作成の時における契約・勤務規則その他において、従業員の著作物とする旨の別段の定めがないこと、の5つの要件を満たす必要があります。

　なお、プログラムの著作物については、このうち④の要件を満たさなくても、法人等の著作物とされます。

● OnePoint　著作物・著作者

　過去問トライアルでは職務著作に当たるため、著作者はC株式会社になります。
　試験対策上は、
　　①著作物は何か？
　　②著作者は誰か？
　の把握が重要です。

---

4 その他の著作物

二次的著作物	二次的著作物を利用しようとする者は、二次的著作物と原著作物の両方の著作者の許諾を受けなければなりません。
編集著作物	収録内容の選択や配列に創作性が認められるとき、収録されている個々の著作物とは別個の著作物（編集著作物）として保護されます。（例）百科事典、職業別電話帳
データベースの著作物	情報の選択や体系的構成に創作性が認められる場合です。（例）電子辞書など

5 著作権の制限（許諾なく利用できる場合）

本来、正当な理由または権原なく権利の目的物を利用する行為は著作権等の侵害に当たります。しかし、下記のような場合、著作権者の許諾なく著作物を使用できます。ただし、許諾なく著作物を複製・利用できる場合は原則として出所の明示が必要になります。

(1) **私的使用** ……会社の活動が絡めば私的使用ではなくなります。
(2) **引用**
(3) **報道目的**

⚲ Keyword

▶ **用尽論**

特許発明の実施品の製造・販売が正当に行われた後は、特許権は用い尽くされたものとなり、もはや同一物につき特許権者は特許権を行使することができないという規定です。つまり、特許権者によって適正に製造販売された特許製品については、使用や転売のための許諾は不要となり、特許権の侵害にはなりません。著作権では「譲渡権」にのみ、用尽論が規定されています。このため、書籍を購入した者が古本屋に書籍を売却する行為は、著作権侵害にはなりません。

▶ **共同著作物**

複数の者が共同で創作した著作物は共同著作物となる場合があります。例えば座談会の記事がこれに当たります。

▶ **自動公衆送信**

サーバーなどに蓄積された情報を公衆からのアクセスにより自動的に送信することをいい、また、そのサーバーに蓄積された段階を送信可能化といいます。

▶ **翻案**

既存の著作物の内面形式を維持しながら外面形式を変更することです。小説化や映画化がその典型です。編曲や変形（表現形式を変更すること〈絵画を彫刻にする行為、写真を絵画にする行為〉）も広義において翻案といえます。

▶ 引用

　公表された著作物は、引用して利用することができます。この場合、その引用は、公正な慣行に合致すること、引用の目的上、正当な範囲内で行われることを条件とし、自分の著作物に他人の著作物を引用して利用することができます。同様の目的であれば、翻訳もできます。また、国等が行政のPRのために発行した資料等は、説明の材料として新聞、雑誌等に転載することができます。ただし、国等が行政のPRのために発行した資料等であっても、転載を禁ずる旨の表示がある場合はこの例外規定は適用されません。

● OnePoint　いわゆる「写り込み」（付随対象著作物の利用）等にかかわる規定の整備

　著作権者の利益を不当に害しないような著作物等の利用であっても形式的には違法となるものについて、著作権等の侵害とならないことを明確にするため、利用目的や要件を一定程度包括的に定めた以下の①〜④の権利制限規定が設けられています。＜2013年1月1日施行＞
　①付随対象著作物の利用
　②検討の過程における利用
　③技術の開発または実用化のための試験の用に供するための利用
　④情報通信技術を利用した情報提供の準備に必要な情報処理のための利用

● OnePoint　違法ダウンロードの刑事罰化にかかわる規定の整備

　私的使用の目的をもって、有償著作物等の著作権または著作隣接権を侵害する自動公衆送信を受信して行うデジタル方式の録音または録画を、自らその事実を知りながら行って著作権または著作隣接権を侵害した者は、2年以下の懲役もしくは200万円以下の罰金に処し、またはこれを併科することとされています。

過去問　トライアル解答　▶　ウ

☑チェック問題

　著作権（著作財産権）は著作者人格権と異なり、譲渡や相続の対象となる。

⇒○

12 企業秘密の保護
不正競争防止法

学習事項 周知表示の混同惹起，著名な商品表示の冒用，商品形態の模倣，営業秘密の侵害

このテーマの要点

アンフェアな行為を防止するのが不正競争防止法！

知的財産権の最後のテーマとして不正競争防止法を学習します。他の知的財産権の各法は、権利を与えることで何らかの保護を図る法律です。一方、不正競争防止法は、不正競争となる行為を禁止する法律です。これによって、特許法や意匠法、商標法などではカバーしきれない領域の事柄に対して、法律的な効果を発揮します。本テーマでは不正競争防止

他の知的財産権

↕

<不正競争防止法>
周知表示の混同惹起
著名な商品表示の冒用
営業秘密の侵害など

法の中でも代表的な、「周知表示の混同惹起」「著名な商品表示の冒用」「商品形態の模倣」「営業秘密の侵害」などについて学習します。

過去問 トライアル	平成23年度 第14問（改題） 営業秘密
類題の状況	R05-Q12　R05-Q14(再)　R03-Q8　R02-Q11　R02-Q14 R01-Q10　H30-Q11　H29-Q13　H28-Q11　H28-Q12 H27-Q9　H26-Q6　H24-Q10　H23-Q10　H19-Q11 H16-Q11

企業における技術、ノウハウ、顧客情報等の企業情報について、企業が収益を生み出す知的資源としての法的な保護を享受するためには、そのような企業情報が、　A　により特許権等の知的財産権を取得して活用するのにふさわしいものか、それとも　B　し、不正競争防止法上の営業秘密等の機密情報として管理していくのが適切なものかを振り分けていくという経営判断が必要となる。

企業情報が不正競争防止法上の営業秘密として保護されるためには、秘密として管理されていること（秘密管理性）、有用な営業上または技術上の情報であること（有用性）、公然と知られていないこと（非公知性）の3要件をすべて満たすことが必要とされている。例えば、技術・ノウハウ等を記録したデータファイルが企業内のサーバコンピューターに保存されていたが、アクセス制限がなくパスワードも設定されていないという状態では、　C　の要件を欠き、営業秘密とは認められない。

（設問1）

本文中の空欄A〜Cに入る用語の組み合わせとして、最も適切なものはどれか。

ア　A：オープン化　　　　B：ブラックボックス化　　C：非公知性
イ　A：オープン化　　　　B：ブラックボックス化　　C：秘密管理性
ウ　A：ブラックボックス化　B：オープン化　　　　　C：秘密管理性
エ　A：ブラックボックス化　B：オープン化　　　　　C：有用性

（設問2）

企業の保有する技術・ノウハウ等を営業秘密として管理する場合のメリット・デメリットに関する記述として最も適切なものはどれか。

ア　一定期間、譲渡可能な排他的独占権を取得できる一方で、出願内容を公開することが権利取得の前提となるので、自社の開発動向が他社に知られることになる。
イ　失敗した実験のデータ等のノウハウも保護対象となり得る一方、保護期間が満了すればだれでも利用可能となる。
ウ　事前の審査を通じて権利の内容が明確となるが、他社が同一技術を独自開発した場合には独占できなくなる。
エ　製品の分解等により明らかにならない限り、保護期間の制限がなく、他社との差別化を図ることができる一方で、登録制度がなく、権利の存否・内容が不明確となりがちである。

1　周知表示の混同惹起

周知表示の混同惹起とは、他人の商品等表示として需要者の間に広く認識されているものと同一もしくは類似の商品等表示を使用する等して、他人の商品または営業と混同を生じさせる行為です。実際に混同が生じていなくても、混同のおそれがあれば「不正競争」に当たります。

（適用除外）
• 普通名称・慣用表示　　（例）店名に「所在地の地名」を付けて営業をする行為
• 自己の氏名　　　　　　（例）店名に「自分の氏名」を付けて営業をする行為

「商品等表示」とは、法文では、「人の業務に係る氏名、商号、商標、標章、商品の容器若しくは包装その他の商品又は営業を表示するものをいう。」と定義しています。すなわち、種類や方法を問わず、ある事業者の商品または営業を表示するものであれば保護の対象となりえます。

【商品等表示として認められるものの例】

　具体的に「商品等表示」となりうるものには以下のようなものがあります。

- 「氏名」…愛称・略称、雅号、芸名、グループ名等
- 「商号」…商号や屋号、店名
- 看板・特徴的な店舗表示…動くカニの形をした看板
- 営業のやり方そのもの…営業のやり方そのものに表示としての機能を認めたものもあります（例：「通信販売カタログによる営業の方法」大阪高判昭和58年3月3日）。

2　著名な商品表示の冒用

　著名な商品表示の冒用とは、自己の商品等表示として他人の著名な商品等表示と同一もしくは類似のものを使用し、またはその商品等表示を使用した商品を譲渡する等の行為です。混同のおそれがなくとも「不正競争」に当たります。著名表示が無断で利用されると、著名表示を持つ企業は下記のような不利益を被ります。

- ただ乗り（フリーライド）　　有名な自社商品のブランドの不正利用につながります
- 希釈化（ダイリューション）　自社商品のブランドイメージが希釈されます
- 汚染（ポリューション）　　　自社商品のブランドイメージが悪くなる場合があります

XとYともに商標登録をしていない　Yは著名　Xは周知性なし　XとYは類似商標	→	Xが現在の商標で全国展開をしようとした場合、Yはその商標の使用を差し止めることができます。

▶ 周知と著名

　著名性については全国的かつマーケットを問わず知られていることが必要とされていますが、周知については、当該商品のマーケット（需要者）において知られており、かつそれは、一定の地域（同一・類似表示の使用者の営業地域）において知られていれば足りるとされています。

- 周知性の例…マイクロダイエット・MICRODIET、Levi'sジーンズの弓形刺繍
- 著名の例…マクセル・maxell、Budweiser、三菱（スリーダイヤのマーク）

2
知的財産権

3 商品形態の模倣

　商品形態の模倣とは、規制されるのは、他人の商品の形態を模倣した商品（デッドコピー）を譲渡・貸し渡し・展示する等の行為（販売開始から3年間）です。模倣そのものを規制しているわけではない点がポイントです。たとえ意匠権を取得していなかったとしても、不正競争防止法によってある程度保護されます。もっとも、たまたま形態が似てしまった場合には規制が及びません。また、形態が同一または実質的に同一といえる場合には規制されますが、類似の形態までは規制できません。さらに、技術的機能的形態を特定の者に独占させるのは産業政策上妥当ではないため、技術的機能的形態に対しては、規制が及びません。

　なお、他人の商品を模倣したものであることを知らずに譲り受けた者が、譲り受けた時に模倣商品であることを知らず、かつ、知らないことに重大な過失がない場合には、規制されることはありません。

💬 OnePoint　意匠権と形態模倣規制

　不正競争防止法の形態模倣規制によって製品形態の模倣はある程度規制できます。しかし、形態模倣規制は、期間が最初の販売日から3年と限られており、規制できる範囲も意匠権侵害の場合ほど広くはありません。そのため、重要なデザインについては意匠権を取得しておくことが必要となります。

4 営業秘密の侵害

　営業秘密の侵害とは、窃取、詐欺、強迫その他の不正の手段により営業秘密を取得する行為または不正取得行為により取得した営業秘密を使用・開示する行為等です。

　（メリット）　保護期間の制限がないため、製品内容が明らかにならない限り、他者との差別化を図ることができます。

　（デメリット）　登録制度がないため、権利の存否や内容が不明確となりがちです。

　営業秘密と認められるためには、下記の3つの条件をすべて満たす必要があります。

(1)　秘密管理性　　秘密として管理されていること

- 認識可能性：アクセスした者が「その情報が秘密であること」を認識できること

　（例）書類にマル秘のマークを付けること、棚に鍵をかけておくこと

- アクセス制限の存在：対象となる情報にアクセスできる者を制限していること

　（例）パスワード設定をしていること

(2)　有用性　　事業活動に有用な技術上または営業上の情報であること

(3)　非公知性　公然と知られていないこと

●OnePoint　アクセス制限の存在

　小規模な企業であれば、特別の組織や会議体を設置するという形での体制整備よりも、例えば以下のように、

- ・定例の社内会議等において、経営層も含めた全社員により、秘密情報の管理の実施状況の報告・確認や見直しを行う
- ・社内において情報漏えい防止のために「これだけはやってはいけない」というような最低限の禁止事項を定め、周知徹底するとともにその実施状況を確認する

というような柔軟な体制のほうが、より実効的かつ効率的となる場合もありえます。

5 技術的制限手段を回避する装置の提供

技術的制限手段を回避する装置の提供とは、技術的制限手段により視聴や記録、複製が制限されているコンテンツの視聴や記録、複製を可能にする「機器やプログラム」を提供等する行為です。アクセス管理技術やコピー管理技術をキャンセルすることのできる「機器やプログラム」の流通を規制しています。

	アクセス管理技術 提供	コピー管理技術 提供	機器自体の製造
不正競争防止法	対象	対象	対象外

6 ドメイン名の不正取得等

ドメイン名の不正取得等とは、不正の利益を得る目的で、または他人に損害を加える目的で他人の商品・役務の表示と同一・類似のドメイン名を使用する権利を取得・保有・使用する行為です。どれか1つでも「不正競争」です。

なお、ドメイン名は、インターネット上のアドレスを示す記号にすぎないので、ドメイン名に対して商標権を主張することはできません。

● OnePoint ドメイン名の不当取得における取得・保有・使用

不正競争防止法2条13号で定義される「ドメイン名を使用する権利を取得し」とは、ドメイン名登録機関にドメイン名の登録を受けて使用する権利を自己のものとして取得したり、ドメイン名の登録を受けた第三者から権利の移転または使用許諾を受けることをいいます。

「保有し」とは、ドメイン名を使用する権利を継続して有することをいいます。
「使用する」とは、ドメイン名をウェブサイト開設等の目的で用いることをいいます。

過去問 トライアル解答　**(1)イ (2)エ**

☑チェック問題

不正競争に対して差し止め請求をするためには、営業上の利益が現実に侵害されている必要がある。　⇒×

▶ 営業上の利益が侵害されるおそれのある場合にも差止請求権の対象となる。

その他企業活動に
関する法律

第 **3・4** 分野

その他企業活動に
関する法律

テーマ別ガイダンス
その他企業活動に関する法律

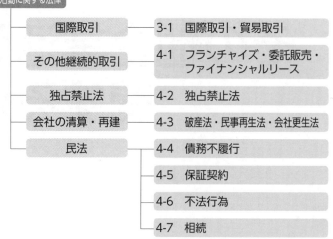

経営法務
└ その他企業活動に関する法律
　　　├ 国際取引 ── 3-1 国際取引・貿易取引
　　　├ その他継続的取引 ── 4-1 フランチャイズ・委託販売・ファイナンシャルリース
　　　├ 独占禁止法 ── 4-2 独占禁止法
　　　├ 会社の清算・再建 ── 4-3 破産法・民事再生法・会社更生法
　　　└ 民法 ── 4-4 債務不履行
　　　　　　　　├ 4-5 保証契約
　　　　　　　　├ 4-6 不法行為
　　　　　　　　└ 4-7 相続

1 各テーマの関連

　企業の活動範囲は広く、会社法、知的財産権以外の「その他企業活動に関する法律」知識も必要になります。企業の活動範囲が広がり、グローバル化による「国際取引」や、企業戦略の一環としての「その他継続的取引」の理解は重要です。また、中小企業において事業承継という観点から重要視されている「相続」について理解・学習する必要があります。

　「3－1　国際取引・貿易取引」では、企業が国境を越えた物品、資金、技術の移転およびサービス提供を行うためにも、国際ルールや特質について押さえましょう。

　企業は、経営戦略の一環である「4－1　フランチャイズ・委託販売・ファイナンシャルリース」についても基本的な理解が必要です。会社を運営していく上では、他社との契約、また侵害行為や債権等の論点として最も基本的な「民法」は学習す

る必要があります。具体的には「4－4　債務不履行」「4－5　保証契約」「4－6　不法行為」については基本的な事項の理解をしておきましょう。また、昨今、「4－7　相続」についても中小企業経営者にとっては重要な課題になっていますので、理解しておく必要があります。

2 出題傾向の分析と対策

❶出題傾向

#	テーマ	H26	H27	H28	H29	H30	R01	R02	R03	R04	R05
3-1	国際取引・貿易取引		1				2	1	1	1	4
4-1	フランチャイズ・委託販売・ファイナンシャルリース										
4-2	独占禁止法	1	1		1				1		3
4-3	破産法・民事再生法・会社更生法			1							1
4-4	債務不履行							1			
4-5	保証契約					1		2			
4-6	不法行為										
4-7	相続		2	1	1	1	1		1		3

❷対策

　会社法や知的財産権に比べると、重要度の低い分野といえます。ただし、近年は、独占禁止法や事業承継との関係で相続といった分野からの出題が増えてきています。今後も、この分野については要注意といえます。

　また、英文契約や海外とのライセンス契約といった実務的な分野からの出題も継続的になされており、やはり、穴を開けてはいけない分野といえます。対策としては、講義等で学んだ基本な事項を押さえつつ、演習等をこなしながら、知識を蓄えていくのが現実的です。

国際取引
国際取引・貿易取引

学習事項 契約締結までの確認文書，一般条項，国際私法と国際取引，国際特許出願

このテーマの要点

国際取引と貿易取引の特徴を押さえる！

　昨今のグローバル化により、国際取引についての知識は重要になります。契約締結までの特徴や契約条項について押さえることで、国際取引の概略を理解する必要があります。また国際取引は、国境を越えた物品・資金・技術の移転およびサービスの提供が行われる

国 際 法 務
国際取引　契約締結　一般条項
貿易取引　信用状　法的諸問題

ので、国際ルールや国際特許の特質についての知識も必要です。国際取引・国際貿易についての領域は幅広いですが、本テーマでは、試験対策上必要になる知識に絞って学習します。

過去問 トライアル	令和2年度　第10問
	パリ条約における優先権
類題の状況	05-Q10　R05-Q15(再)　R05-Q16(再)　R05-Q19(再) R04-Q13　R03-Q14　R01-Q16(1)(2)　H27-Q6　H25-Q13 H25-Q16　H24-Q9　H23-Q11　H20-Q13　H19-Q14 H18-Q12

　工業所有権の保護に関するパリ条約に規定する優先権の期間についての記述として、最も適切なものはどれか。

ア　特許、実用新案及び意匠に認められる優先権は12か月であり、商標に認められる優先権は6か月である。

イ　特許及び意匠に認められる優先権は12か月であり、実用新案及び商標に認められる優先権は6か月である。

ウ　特許及び実用新案に認められる優先権は12か月であり、意匠及び商標に認められる優先権は6か月である。

エ　特許及び商標に認められる優先権は12か月であり、実用新案及び意匠に認められる優先権は6か月である。

1 契約締結までの確認文書

国際取引では、最初に、契約内容の条件を交渉によって決定していきます。交渉の準備段階で、契約書のドラフト（草稿）を作り、様々な事態を想定することが重要になります。複雑な交渉の場合は、話し合った内容の確認文章が必要になります。

❶ミニッツ・オブ・ミーティング（minutes of meeting）

交渉の重複、蒸し返しや矛盾を防止し、また効率的な交渉を進めることを目的とした議事録のことを指します。

❷レター・オブ・インテント（letter of intent）

Memorandum Of Understanding（MOU）「契約の予備的合意」、Memorandum Of Agreement（MOA）「覚書」などの総称として使用されています。

2 一般条項

一般的に契約に含まれている条項について、試験対策上重要なものを押さえておきましょう。

❶不可抗力条項

あらかじめ不可抗力事由を事前に合意する規定が置かれています。不可抗力事由が多ければ、その分、不履行のリスクが増加することになります。

❷秘密保持条項

秘密の非開示と目的外使用禁止を定める条項で、ライセンス契約等に用いられます。

❸国際裁判管轄条項

渉外的民事事件において、どこの国の裁判所が管轄権を持つかを取り決めたものです。

3 国際私法と国際取引

国際取引も法に従って当事者間の紛争が解決されていきます。

❶国際私法（準拠法）

どこの国の法律が適用されるのかを決めなければなりません。この適用になる国の法律を準拠法（Governing Law）といいます。これは国際私法のルールによって決定されます。わが国においては、準拠法は当事者の意思によって定めることもできます。

❷インコタームズ

国際物品売買契約で頻繁に使用される貿易条件を一意に定める国際規則が、インコタームズです。

国際物品売買取引の基本的な契約条件は、商品（仕様、品質）、数量、価格、船積条件、保険契約、引渡し条件、商品の保証等、共通の項目が多くなります。国際貿易において古くから定型化した用語によって一括して表現し、売主・買主の権利義務を定型化しています。

【3-1-1　インコタームズ 2020 に示された貿易取引条件】

条件	補足説明
ＦＯＢ：Free On Board 本船渡し	売主は指定船積港で商品を引き渡します。商品が本船に船積された時に引き渡し義務が果たされます。
ＣＦＲ：Cost and Freight 運賃込み条件	売主は指定船積港で商品を引き渡します。商品が本船に船積された時に危険負担は移転し、売主が指定仕向港までの運賃を負担します。売主に保険契約手配・保険料負担の義務はありません。
ＣＩＦ：Cost, Insurance and Freight 運賃・保険料込み（指定船積港）	売主は指定船積港で商品を引き渡します。引渡完了時期、危険負担の移転、運賃負担についてはCFRと同じです。海上保険の手配は売主負担になります。

4 国際特許出願

外国に特許出願する場合の対応として、以下の３通りの出願があります。

① 通常出願

〔特徴〕

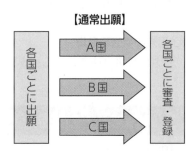

【通常出願】

- 各国ごとに出願しなければなりません。
- 各国ごとの言語で出願しなければならず、また各国ごとの方式を満たす必要があります。
- 特許性の可否については、各国ごとに判断がなされます。
- 各国ごとに特許権が発生します。

〔注意点〕

- 各国ごとの言語で、各国ごとの方式を備えた出願が必要であり、各国に出願する際に同時に出願できない不利益があります。
- その結果として、先願主義法制の国に出願する場合に、現実に出願をした日には、既に同一内容の他人の出願がされている場合があります（先願主義法制の国においては、早く出願した者に権利付与がなされます）。

② パリ条約による優先権を利用した出願の場合

　パリ条約は、産業財産権の保護を目的に1883年パリで締結された同盟条約です。産業財産権に関する国際的な憲法に相当し、日本は1899年に加盟しました。数次の改訂が行われています。パリ条約の三大原則として、①内国民待遇、②優先権制度、③特許独立の原則が挙げられます。①内国民待遇とは、同盟国国民は他の同盟国において内国民同様、平等に取り扱われることをいいます。②優先権制度とは、同盟国内での出願は、一定期間内であれば、他の同盟国でも最初の出願日に出願したものとみなして優先的に取り扱われる制度のことです。現在、その優先期間は特許および実用新案は12ヶ月、意匠および商標は6ヶ月です。③特許独立の原則とは、各同盟国内で出願された特許は、それぞれの国での特許成立・不成立に関係なく独立して審査・判断される原則です。

【3-1-2　パリ条約ルート】

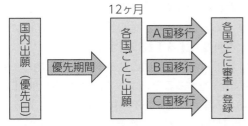

〔特徴〕

- 　各国ごとに出願しなければなりません。
- 　各国ごとの言語で出願しなければならず、また各国ごとの方式を満たす必要があります。
- 　特許性の可否については、各国ごとに判断がなされます。
- 　各国ごとに特許権が発生します。
- 　優先期間内に出願された第三者の出願によって不利益は受けません（すなわち次ページの図の場合、乙は甲よりも英国出願をした時点は先ですが、パリ条約4条Bの優先権の効果により、乙は結果として、英国内で発明Aについて権利取得できないこととなります）。

〔注意点〕

- 　優先権の効果により、優先期間内の第三者の出願により不利益を受けることはないですが、各国ごとの方式により各国ごとの言語で出願を行う必要がある点については通常の出願と変わりません。
- 　出願人としては、翻訳文等の提出が1年間延長されているという利益を有するのみです。

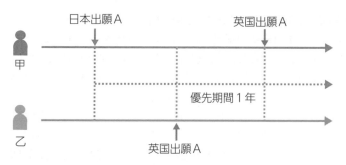

❸ PCT（特許協力条約）による国際出願の場合

　PCT出願とは、PCT（特許協力条約）に基づいて、国際的に統一された手続を自国の特許庁に対して行うことにより、PCTの各締約国に対して特許出願をしたのと同じ効果が与えられる出願です（「国内出願の束」と表現されることもあります）。PCTは、その加盟国の居住者および国民が、受理官庁（例えば、日本国特許庁）に対して特許の国際出願をすることによって、他の複数の条約締結国に対して、同時に発明の保護を求めることを可能とする手続に関する条約です。

　日本の企業は、日本国特許庁に対する最初の特許出願の日から12ヶ月以内に、優先権を主張して、日本国特許庁に国際出願をすることによって、すべてのPCT締約国でも当該発明の出願があったものとみなされます。その後、優先日から30ヶ月以内に、特許化を希望する各国特許庁（日本国含む）に特許出願の手続を行うことになります。なお、優先権がないときは、最初から日本国特許庁に国際出願をします。

【3-1-3　PCTルート】

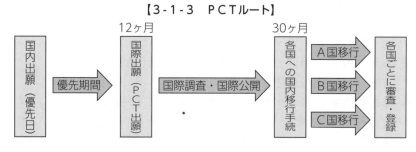

〔特徴〕

- 管轄受理官庁に出願すれば、各国（指定国）に出願したものと擬制されます。そのため、各国ごとに出願書類を提出する必要がありません。
- 出願書類は、1通でよいです（方式が統一されているため）。

〔注意点〕

- 特許性の可否を判断するのは、各国（指定国）です。したがって、出願書類の翻訳文を提出する必要があります。
- 翻訳文の提出期間が原則30ヶ月であるため、パリ条約に基づく優先権を主

張して出願するよりは翻訳期間が長期間となる点で優位です。

⚷ Keyword

▶ **仲裁条項**

当事者間の紛争を仲裁によって解決する旨を合意しておくことをいいます。第三者である仲裁人に紛争の解決を委託し、迅速に解決を図れるということや、多くの国で仲裁に関する条約が締結されていることから、外国での執行が容易であるという特徴があります。

▶ **ウィーン売買条約**

国際物品売買契約についての統一法になります。国連国際商取引法委員会（UNCITRAL）が起草し、日本の加入は2008年7月1日で、日本は2009年8月1日に発効しました。契約の成立時期等、日本民法といくつか異なる点が特徴的です。

▶ **ＴＲＩＰｓ協定**

パリ条約とは別にGATTの交渉の中でWTO設立協定の締結に際し合意に至ったもので、知的財産権の実体規定の保護水準をパリ条約よりも引き上げるものです。

▶ **ＥＰＣ（European Patent Convention：ヨーロッパ特許条約）**

ヨーロッパ諸国の特許に関する実体的・手続的要件を調和し、出願から特許付与までの手続をヨーロッパ特許庁で一括して行うことを目的とする条約です。正式名称は、ヨーロッパ特許の付与に関する条約（Convention on the Grant of European Patents）。

出願人は、ヨーロッパ特許庁に対して、特許の取得を望む国を指定した出願を行うことにより、単一の手続および単一の審査で複数の国における特許を取得することができます。

過去問 トライアル解答　ウ

☑チェック問題

「準拠法（Governing Law）」を定めた条項において、「準拠法」を日本法と指定する場合は、本契約に関して生じた紛争を解決するための裁判所を日本国内の裁判所としなければ、この条項は無効となる。　　　　　　　　⇒×

▶ 準拠法とは、契約についてどの国の法律を適用するかということであり、裁判管轄を準拠法に必ずあわせる必要はない。したがって、仮に準拠法を日本法と定めた場合でも裁判管轄を日本国以外の裁判所とすることが可能である。

その他継続的取引
フランチャイズ・委託販売・ファイナンシャルリース

学 習 事 項	フランチャイズ契約，委託販売契約，ファイナンシャルリース

このテーマの要点

フランチャイズ契約、ファイナンシャルリース契約の特徴を押さえる！

断続的取引の形態は、代理店と特約店の2つに分類できます。代理店とは、「Agency」（代理人）であり、本人のために代理・媒介を行うものをいいます。代理店の営業活動の結果、契約の当事者となるのは、本人（Principal）とその顧客です。代理店は、契約締結を代理することによって手数料を受け取り、これが代理店の利益となります。特約店（販売店）と呼ばれるものは、本人から完全に独立した商人で、本人のために代理・媒介をするわけではありません。特約店は、一定の特約店契約ないし販売店契約を締結し、この契約に定められた条件・方法で商品を仕入れ、自己の名義と計算で販売します。特約店（販売店）の利益は、仕入れ価格と販売価格の差額となります。また、これらはさらに細かく派生し、様々な取引形態が存在します。本テーマでは、本試験で重要になるフランチャイズ契約、ファイナンシャルリース契約等について学習します。

過去問 トライアル	平成17年度　第10問
	フランチャイズ契約
類題の状況	H24-Q15

フランチャイズ契約に関する次の記述のうち、<u>最も不適切なもの</u>はどれか。

ア　フランチャイズ契約では、通常、フランチャイザーがフランチャイジーに経営上、技術上、営業手法上の指導援助を行う義務を負う一方、フランチャイジーはこれに従う義務を負う。

イ　フランチャイズ契約では、通常、フランチャイザーがフランチャイジーに対し経営上、技術上、営業手法上のノウハウを開示する一方、フランチャイジーが秘密保持義務を負う。

ウ　フランチャイズ契約では、通常、フランチャイザーとフランチャイジーがフランチャイズパッケージの開発とフランチャイズシステムの拡大の目的を共有するため、双方とも競業避止義務を負う。

エ　フランチャイズ契約の締結にあたり、フランチャイザーが実態を隠し不当に表示をして勧誘を行った場合、これを信じてフランチャイズ契約を締結し、損害を

蒙ったフランチャイジーは、フランチャイザーに対し、損害賠償を請求することができる。

1 フランチャイズ契約

　特約店の特殊な形態としてフランチャイズがあります。フランチャイズ契約は、フランチャイジー（加盟店）とフランチャイザー（本部）との間における継続的取引契約になります。

　フランチャイズ契約では、①フランチャイジーはフランチャイザーの商標、サービス・マーク等を利用して、同一イメージのもとに営業を行う権利を与えられ、②フランチャイジーはフランチャイザーから一定のノウハウ・アドバイスおよび商品の供給等を受け、③その見返りとしてフランチャイザーが一定の対価（ロイヤリティ、権利金）をフランチャイジーから受け取るという仕組みになっています。

【4-1-1　フランチャイザーとフランチャイジー】

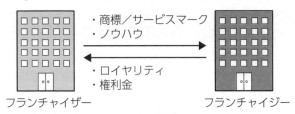

　特約店を利用する場合、商品供給業者と特約店の間に反復・継続的な商品取引関係が生じます。そのためには、まず基本契約が締結され、その後の個別契約関係は、基本契約に基づいて簡便に処理されます。しかし、あまりに一方に不利な条項については、契約自由の原則の修正として、その効力が否定されることがあります。

2 　委託販売契約

　委託販売契約は、商品供給業者（委託者）が販売担当業者（受託者）に商品の販売を委託し、これに対して商品供給業者が報酬（手数料）を支払うことを約する契約です。

【4-1-2　委託販売契約】

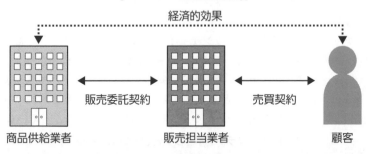

3 　ファイナンシャルリース

　ファイナンシャルリースは、ユーザーの希望に従ってリース会社がサプライヤーから物件を購入し、ユーザーに貸し与え、ユーザーから賃料を受け取るという契約です。

　これは一見、リース会社が、単に物件を買い付けてユーザーに貸し与えているだけのように見えますが、ファイナンシャルリースは、経済的には、金融を目的とするものになっています。実際に商品の選定に当たるのはユーザーであり、商品を利用するのもユーザーなので、実質的な買主はユーザーだといえます。リース会社は、形式的には買主ですが、実質的には、ユーザーに対し購入資金を融資する貸主の地位にあり、賃料の名目で貸付金の返済を受けているものと捉えることができます。

　原則としてリース契約では、ユーザーからの中途解除は通常認められていません。そのため、リースの本質が金融となり、実質的にはリース料の支払が貸付金の返済としての性格を有します。

【4-1-3　ファイナンシャルリース契約】

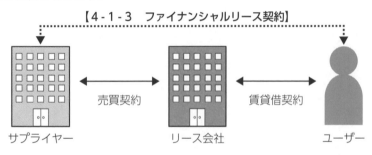

☑チェック問題

　フランチャイズ契約解除後、フランチャイズ本部からフランチャイズ・チェーン名称の使用を継続している旧加盟店に対して名称使用の差止請求をするには、その名称の商標登録が必要である。　　　　　　　　　　　　　　　⇒×

▶　不正競争防止法による保護は商標権の有無を問わない。不正競争防止法2条1項所定の「不正競争」に該当する他人の行為に対しては、差止請求権等を行使することができる。

3-4
その他企業活動に
関する法律

2　独占禁止法
独占禁止法

学習事項 私的独占の禁止，不当な取引制限，不公正な取引方法，特別法

このテーマの要点

独占禁止法は自由経済を支える基本法！

自由主義経済社会においては、企業や個人による経済活動・取引活動が健全な競争原理のもとで行われることこそが、国民経済全体の発展に最も寄与するものといえます。そこで、「健全な競争原理」を通じて国民経済全体の発展を達成しようとするのが独占禁止法の狙いです。独占禁止法では、「公正かつ自由な競争を促進」することによって、「一般消費者の利益」と「国民経済の民主的で健全な発達」を図ることに目的があることが明示されています。

独占禁止法
‖
公正かつ自由な競争の促進
（経済を支える基本法）

⬇

経済発展の基礎となる！

公正取引委員会が
独占禁止法の番人として機能

過去問トライアル	平成27年度　第3問（設問1）
	独占禁止法
類題の状況	R05-Q7　R05-Q19　R05-Q9(再)　R03-Q5　H29-Q20 H26-Q5　H25-Q3　H23-Q13　H19-Q1

以下の会話は、中小企業診断士であるあなたとX株式会社（以下「X社」という。）の代表取締役甲氏との間で行われたものである。この会話を読んで、下記の設問に答えよ。

甲　氏：「今度、当社で開発した新製品ａの販売を計画しています。そこで、卸売業者との間で締結する継続的な売買基本契約の内容を検討しています。ちょっと見てもらってもいいですか。売主が当社で、買主が卸売業者になります。」

あなた：「分かりました。あれ、『買主は、売主が指定した価格で商品を小売業者に転売するものとする。』という条項が定められていますね。」

甲　氏：「何か問題がありますか。」

あなた：「こうした条項を定めることは、　Ａ　のうちの再販売価格の拘束に当たり、独占禁止法上、原則として違法となるとされていたはずです。」

甲　氏：「そうなんですか。」

あなた：「ええ。他にも、卸売業者に対して、aと競合する商品の購入を禁止したり、X社が事前に同意していない小売業者への転売を禁止したりすると、　A　に該当する可能性があります。」

甲　氏：「知りませんでした。　A　に該当するとどのような処分を受けるのですか。」

あなた：「例えば、公正取引委員会から　B　を受ける場合があります。ただ、　A　に該当する可能性のある条項でも場合によっては定めることができたと思います。詳しいことは弁護士の先生に相談してみてはどうでしょうか。」

（設問）

　会話の中の空欄Aに入る語句として最も適切なものはどれか。

ア　抱き合わせ販売
イ　不公正な取引方法
ウ　不当な取引制限
エ　優越的地位の濫用

1　私的独占の禁止

[1]　私的独占の意義と成立要件

　私的独占とは、他の事業者の事業活動を排除または支配して、公共の利益に反して、一定の取引分野における競争を実質的に制限することをいいます。ある事業者が、その分野への新規事業者の参入を困難にするような措置をとったり、他の事業者を支配して自己の意思に従って行動させることにより、その取引分野における競争を実質的に制限することを意味します。

　具体的には、①他の事業者の事業活動を「排除」もしくは「支配」し、②その結果、「競争の実質的制限」が生じた場合に、私的独占として違法となります。

【4-2-1　私的独占の禁止及び公正取引の確保に関する法律　全体イメージ】

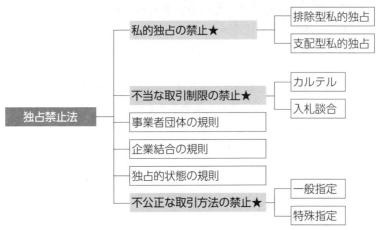

★=独占禁止法の３本柱などともいわれ、特に重要

[2]　排除型私的独占

　平成21年改正により、「排除型」私的独占についても、対価の影響を及ぼす「支配型」私的独占と並んで課徴金の対象となっています。排除型私的独占は、正当な競争行為か違反行為かの線引きが難しいため、公正取引委員会は、「排除型私的独占に係る独占禁止法上の指針」（ガイドライン）を策定・公表し、排除型私的独占に当たる場合につき、以下にある通り、一定程度明確化しています。

❶公正取引委員会の執行方針

　商品のシェアがおおむね２分の１超でかつ国民生活に与える影響が大きい事案を優先的に審査します。もっとも、この基準に合致しない場合でも審査を行う場合があります。

　また、審査の結果、排除型私的独占に該当しない場合であっても、不公正な取引方法に当たる場合があります。

❷典型的な排除行為

　ガイドラインでは、典型的な排除行為として以下の４つを挙げています。

- 商品を供給しなければ発生しない費用を下回る対価設定（例：不当廉売）
- 排他的取引（例：専売店取引。なお、排他的リベート供与も含む）
- 抱き合わせ（通常は、不公正な取引方法に当たりますが、行為よって価格を支配できることになれば排除型私的独占となります）
- 供給拒絶・差別的取扱い

なお、このほかの非典型的な行為も排除行為となりえます。

2 不当な取引制限

不当な取引制限は、独占禁止法3条で禁止されている行為です。不当な取引制限に該当する行為には、カルテルと入札談合があります。カルテルとは、事業者または業界団体の構成事業者が相互に連絡を取り合い、本来、各事業者が自主的に決めるべき商品の価格や販売・生産数量などを共同で取り決める行為です。入札談合とは、国や地方公共団体などの公共工事や物品の公共調達に関する入札に際し、事前に、受注事業者や受注金額などを決めてしまう行為のことです。これらの行為は、他の事業者と通謀して「競争の停止」を合意する（相互に拘束する）ことにほかならないので、反競争性が高いものであり、その制裁としても、排除措置命令だけにとどまらず、課徴金納付命令の対象ともなります。

① 価格協定（価格カルテル）

価格協定は、複数の事業者が共同して商品または役務の供給ないし購入にかかわる価格等を決定し、維持しまたは引き上げる行為をいいます。

② 数量カルテル

生産量・販売量等、商品やサービスの供給量を制限するカルテルをいいます。これらをコントロールすることによって需給関係を調整し、価格を維持し、あるいは引き上げることを狙いとしています。

③ 取引制限協定（市場分割カルテル）

参加者が市場を分割して顧客の争奪競争を制限することを狙いとするカルテルです。この結果、価格や品質による顧客の拡大競争が抑えられ、価格競争も消滅してしまうという弊害があるためカルテルの一種として規制されています。

④ 技術制限協定

技術開発や利用について協定し、ある分野における競争を抑制することを狙いとするカルテルです。このカルテルは技術の進歩や生産性の向上を阻害し、国民経済に長期的な弊害をもたらすことになります。

⑤ 入札談合

入札談合とは、公共機関等の入札に際し、入札参加者が受注予定者（落札予定者）をあらかじめ決定しておき、受注予定者以外の者は受注予定者より高い価格で入札するという行為です。入札談合は、入札を形骸化するものであり、競争制限効果のきわめて強い悪質なカルテルです。入札談合については、公正取引委員会が「公共的な入札に係る事業者及び事業者団体の活動に関する独占禁止法上の指針」というガイドラインを策定し、違反行為について具体的に明らかにしています。

3・4 その他企業活動に関する法律

　不公正な取引方法とは、不当に他事業者を差別的に取り扱うことや不当な価格を
もって取引を行うなど、独占禁止法2条9項各号に定める行為であって、公正な競
争を阻害するおそれがあるもののうち、公正取引委員会が指定するものをいいます。
不公正な取引方法は、「自由な競争が制限されるおそれがあること」、「競争手段が
公正とはいえないこと」、「自由な競争の基盤を侵害するおそれがあること」といっ
た観点から、公正な競争を阻害するおそれがある場合に禁止されます。

[1] 課徴金の対象となる5類型

　一般指定で不公正な取引方法とされている16の行為類型のうち、①共同の取引拒
絶、②差別対価、③不当廉売、④再販売価格の拘束、および⑤優越的地位の濫用の
5類型の全部またはその一部が課徴金の対象となっています。私的独占への規制に
よる抑止効果が期待できない類型や、違法性が明確である類型に限定して課徴金の
対象としています。

① 共同の取引拒絶

　共同の取引拒絶とは、事業者等が協定に
基づいて一定の者と取引をしないことをい
います。新規参入業者や廉売事業者などの
事業者を市場から排除し、またはその競争
的行動を抑圧するために実施されます。

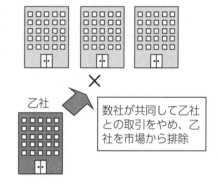

【4-2-2 共同の取引拒絶】

乙社

数社が共同して乙社
との取引をやめ、乙
社を市場から排除

② 差別対価

差別対価とは、実質的に見て同一の商品やサービスについて、不当に、特定の地域または相手方によって異なった価格を設定した上で、当該商品やサービスを継続して供給することであって、他の事業者の事業活動を困難にするおそれのあるものをいいます。

【4 - 2 - 3　差別対価（地域による差別対価）】

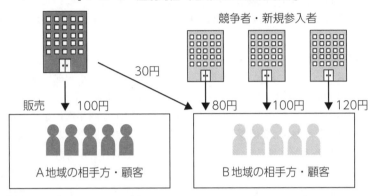

③ 不当廉売

不当廉売とは、正当な理由がないのに商品または役務をその供給に要する費用を著しく下回る対価で継続して供給し、その他不当に商品または役務を低い対価で供給し、他の事業者の事業活動を困難にさせるおそれがある行為をいいます。

④ 再販売価格の拘束

再販売価格の拘束とは、メーカーが製品を販売する際に卸売業者が商品を小売業者に売る価格、小売業者が消費者に売る価格を指定して、その価格を卸売業者や小売業者に遵守するよう強制する行為です。

⑤ 優越的地位の濫用

優越的地位の濫用とは、自己の取引上の地位が相手方に優越していることを利用して、正常な商慣習に照らして不当に相手方に不利益な条件で取引をする行為をいいます。このような行為は、取引の相手方が競争機能を発揮することを妨げ、自由で公正な競争基盤を侵害するものとされています。有名な信用ある老舗百貨店や、大規模な家電量販店などが、その優越的地位を

【4 - 2 - 4　優越的地位の濫用】

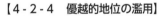
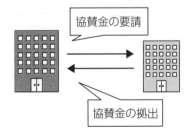

利用し、納入業者に対して商品・サービスの購入を強制したり、イベントの協賛金を強要したり、販売員を無償で派遣させて販売行為に従事させたり、といったケースがこれに当たります。

実際には優越的地位の濫用に当たるか否かの判断は難しいことが多いといわれています。そこで取引の相手方の保護を図るために、下請代金支払遅延等防止法が独占禁止法の補完法として制定されています。

［2］ その他公正取引委員会が指定するもの

上記5類型のほか、不公正な取引方法は、公正取引委員会の告示による指定（「一般指定」と「特殊指定」）に委ねられています。このうち、「一般指定」とは業種のいかんにかかわらずすべての事業者に一般的に適用されるものです。以下に主なものを取り上げます。

❶ 抱き合わせ販売

抱き合わせ販売とは、商品Aの販売に際して、他の商品Bも一緒に購入することを強制し、Bの商品市場において他の事業者の活動を困難にする行為をいいます。こうした取引が禁止されるのは、相手方の適正かつ自由な商品選択を妨げるおそれがあり、公正な競争秩序に悪影響を与えるためです。ただし、2つ以上の別個の商品・サービスを組み合わせて販売する場合であっても、①消費者がそれぞれの商品を単独でも購入できる場合、②商品の内容・機能が実質的に変化し別個の商品と見られる場合、③同時に販売する商品・サービス相互間に補完関係がある場合には、違法な抱き合わせ販売に該当しません。

❷ 排他条件付取引

排他条件付取引とは、不当に相手方が競争者と取引しないことを条件として取引し、競争者の取引の機会を減少させるおそれがある行為をいいます。特約店契約等において一手販売契約・一手受け入れ契約（自社とのみ契約することを強制すること）がこれに該当する場合もあるので、注意が必要です。

【4-2-5　排他条件付取引】

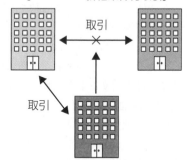

他社製品を取り扱わないことを条件に契約を結ぶ

③ 拘束条件付取引

拘束条件付取引とは、排他条件付取引や再販売価格拘束以外の方法で、相手方の事業活動を不当に拘束する条件をつけて当該相手方と取引する行為をいいます。小売業者の仕入先が特定の一卸売業者に限られるよう、生産者（メーカー）が卸売業者に対し小売業者を指定すること（一店一帳合制）等がこれに当たりえます。

④ 不当顧客誘引

不当顧客誘引とは、自己の供給する商品または役務の内容または取引条件その他これらの取引に関する事項について、実際のものまたは競争者にかかわるものよりも著しく優良または有利であると顧客に誤認させることにより、競争者の顧客を自己と取引するように不当に誘引する行為（ぎまん的顧客誘引）や、正常な商慣習に照らして不当な利益をもって、競争者の顧客を自己と取引するように誘引する行為（不当な利益による顧客誘引）をいいます。

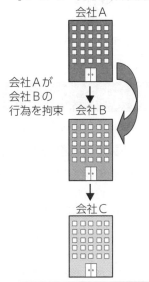

【4-2-6 拘束条件付取引】

会社A

会社Aが
会社Bの
行為を拘束　会社B

会社C

販売方法拘束のパターン
取引先の制限
・帳合取引の義務付け
・仲間取引の禁止
・安売り業者への販売禁止
販売価額の拘束
販売地域の制限

✎ Keyword

▶ **排除**

　他の事業者の事業活動に何らかの形で圧力を加え、その結果、当該相手方事業者を競争不可能な状態に陥れることをいいます。排除には、ダンピングなどの方法による直接的な攻撃のみならず排他的特約店契約による間接的な攻撃も含みます。

▶ **支配**

　事業者が他の事業者を拘束し、または強制することによって、その事業活動に制約を加えることをいいます。この支配の例としては、価格の支配や販路の支配を挙げることができます。また、合併・株式保有・役員兼任など企業結合の方法による場合もあります。

▶ 競争の実質的制限

競争自体が減少して、特定の事業者または事業者団体がその意思で、ある程度自由に、価格、品質、数量、その他各般の条件を左右することによって、市場を支配することができる状態をもたらすことをいいます。

4 特別法

独占禁止法の特別法として、以下2つを試験対策上、押さえておきましょう。

[1] 下請法（下請代金支払遅延等防止法）

優越的地位の濫用行為の取り締まりのための特別法。

下請法に違反した場合、公正取引委員会から、違反行為の取り止め、下請事業者の不利益の原状回復、再発防止措置などが勧告されます。

【4-2-7　下請法の対象となる取引（金額は資本金）】

1：物品の製造・修理委託および政令で定める情報成果物作成（プログラム）・役務提供委託（運送、物品の倉庫における保管、情報処理）を行う場合

親事業者	下請事業者
3億円超	3億円以下
1千万円超・3億円以下	1千万円以下

2：情報成果物作成・役務提供委託を行う場合
（1の情報成果物作成・役務提供委託を除く）

5千万円超	5千万円以下
1千万円超・5千万円以下	1千万円以下

[2] 景品表示法（不当景品類及び不当表示防止法）

不公正な取引方法のうち、ぎまん的顧客誘引および不当な利益による顧客誘引についての特別法。

虚偽・誇大な広告によって顧客を誘引したり、価格や品質ではなく過大な景品等で顧客を引き付ける行為は、消費者の適切かつ自由な商品選択をゆがめることになるため、規制されます。

景品表示法では、不当な表示や、過大な景品類の提供を禁止しています。

❶ 不当な表示の禁止

- 優良誤認表示（商品・サービスの品質、規格などの不当表示）
- 有利誤認表示（商品・サービスの価格など取引条件についての不当表示）

- その他の誤認表示（誤認されるおそれがあると認められ内閣総理大臣が指定する表示）

（例）無果汁の清涼飲料水等に関する表示、おとり広告に関する表示など

②過大な景品類の提供の禁止

クローズド型キャンペーンのうち、以下について景品類の最高額等を制限しています。

- 一般懸賞 ……商品購入者にくじ、抽選券、クイズなどにより提供
- 共同懸賞 ……一般懸賞の例外。商店街やショッピングビルの歳末セールなどでの実施
- 総付景品 ……購入者や来店者にもれなく提供する景品

【4-2-8 景品類の最高額等】

	取引価格	景品類の	
		最高額	総額
一般懸賞	5,000円未満	取引価格の20倍	売上予定総額の2％
	5,000円以上	10万円	
共同懸賞	取引価格にかかわらず	30万円	売上予定総額の3％
総付景品	1,000円未満	200円	制限なし
	1,000円以上	取引価格の2/10	

過去問 トライアル解答　イ

☑チェック問題

優越した地位にある事業者が、取引の相手方に対し、正常な商慣習に照らして不当に、事業遂行上必要としない商品等を購入させること、自己のために金銭等を提供させることは、優越的地位の濫用に当たる。　⇒○

3 会社の清算・再建
破産法・民事再生法・会社更生法

学習事項 破産法, 民事再生法, 会社更生法

このテーマの要点

破産法、民事再生法、会社更生法の違いとは？

倒産処理には、債務者の全財産を解体・清算し、とにかくありったけの財産を引き当てに、債権の回収を図る手法（清算型）と、何とか会社を再建させ、少しずつでも返済してもらい、取引を継続し、将来的に儲けさせてもらうという形で債権の回収を図る手法（再建型）に分けられます。

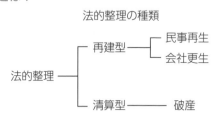

過去問 トライアル	平成22年度　第3問
	破産・民事再生および会社更生手続
類題の状況	R05-Q8　H28-Q5　H23-Q4　H22-Q7　H21-Q4　H17-Q1 H15-Q5

破産手続、民事再生手続および会社更生手続について述べた次の文章について、下線部①〜④の説明のうち最も適切なものを下記の解答群から選べ。

破産手続、民事再生手続および会社更生手続の違いとしては、第一に、手続が目指す結果の違いが挙げられる。即ち、①破産手続は、清算型と呼ばれ、法人・自然人を問わず破産者が破産手続開始決定時に保有する全ての資産を金銭に換価して配当に充てることになるが、民事再生手続、会社更生手続は、再建型と呼ばれ、それぞれの手続に従って、債務者の再建を図りながら弁済を行うこととなる。

第二に、対象となる人の違いが挙げられる。②破産手続、民事再生手続は、法人・自然人を問わず全ての人に適用されるが、会社更生手続は、会社法上に規定がある会社にのみ適用され、それ以外の法人・自然人には適用されない。

第三に、手続の主体の違いが挙げられる。③破産手続、会社更生手続では、管財人が選任され、管財人が資産の管理処分等を行うが、民事再生手続では、管財人という制度が法律上存在しないため、債務者自身が主体となって手続を遂行することとなっている。

第四に、抵当権等の担保権に関する基本的な取り扱いの違いが挙げられる。④破

産手続、民事再生手続は、担保権は別除権となり、担保権者は手続外で担保権を実行することが可能であるが、会社更生手続においては、担保権は更生担保権となり、手続外での実行は禁止される。

〔解答群〕

ア 下線部①

イ 下線部②

ウ 下線部③

エ 下線部④

1 破産法

[1] 破産手続の概要

　債務者に破産手続開始原因が生じた場合に、管轄裁判所は破産手続開始決定を出して、破産管財人を選任し、債務者からその財産の管理処分権を奪い、債務者にかかわる法律関係の変動にストップをかけ、後の清算手続がしやすいようにします。

　そして、破産管財人の管理のもと、否認権を行使するなどして破産財団の増殖を図り、他方で、取戻権・別除権・相殺権の行使を受けるなどして、破産財団（現有財団）を、本来あるべき姿（法定財団）に近づけていきます。その後、破産財団に属する財産の換価により得られた、配当にあてる財産が配当原資となります（配当財団）。債権者は、破産手続開始決定により、破産手

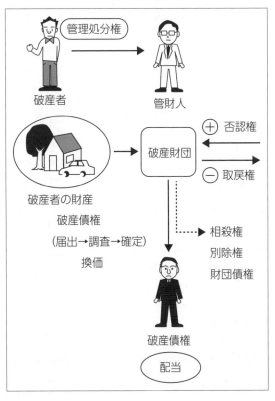

【4-3-1 破産手続の概要】

管理処分権

破産者　　　　管財人

破産者の財産　　破産財団　　＋ 否認権　　− 取戻権

破産債権

（届出→調査→確定）

換価

相殺権
別除権
財団債権

破産債権

配当

続によらない個別的権利行使を禁じられ、届出・調査・確定の手続を経て確定され

た債権額に応じて、平等に配当（分配）を受けることになります。

［2］ 担保権の扱い

　担保は債権の回収を確保するための手段であり、債務者が危機的状態にあるときにこそ威力を発揮します。そこで、破産法は、担保の本来の効力が破産によって影響を受けずに破産財団に対して効力を持つことを認めています。こうして認められたのが別除権です。

　別除権者は、破産手続によらないで担保本来の方法による実行が可能ですが、破産手続の円滑な進行のため、別除権者は、別除権の目的である財産、別除権の行使によって弁済を受けることができないと見込まれる債権の額を届け出る必要があります。

［3］ 債務者の管理処分権

　管理処分権は破産管財人に移り、債務者はそれを失うことになります。また、破産手続開始決定前の財産処分についても、債権者に対する責任財産をことさらに減少させ、あるいは債権者間の平等を害する行為については、管財人に否認権が認められます。

❶財団債権

　財団債権とは、配当によらずに随時、弁済されるものをいいます。なお、財団債権の中でも優先順位が定められています。具体的には、破産手続の申立費用、破産管財人への報酬や、役所に収める納税債権で納期限がまだ来ていないもの、あるいは、納期限が到来して１年を経過していないもの、破産する会社の従業員への給料（破産手続開始前３ヶ月分）などがあります。

【4-3-2　破産手続の流れ】

破産手続開始の申立て

保全処分

裁判所による破産手続開始決定

①破産債権の届出
②裁判所による債権の調査
③破産債権の確定
④管財人による、破産財団の換価

破産財団の配当

破産終結決定

❷破産債権

　破産債権とは、配当により、弁済される債権のことをいいます。破産債権の中でも優先順位が定められており、①優先的破産債権、②一般破産債権、③劣後的破産債権、④約定劣後破産債権の順に弁済されます。

2 民事再生法

[1] 民事再生手続の概要

民事再生手続は、まず、再生債権の調査・確定の手続を経て、再生債務者が負っている債務の総額を確定します。それを踏まえた上で再生計画案を作成し、再生債権者の同意を得て、裁判所の認可を得ます。そして、再生債権者および裁判所の認可を得た再生計画を履行することで、債権者・債務者間の権利関係を適切に調整し、もって、債務者の事業・経済生活の再生を図る手続です。なお、民事再生手続開始原因は、①債務者に破産の原因たる事実の生じるおそれがあること、②事業の継続に著しい支障を来すことなく弁済期にある債務を弁済することができな

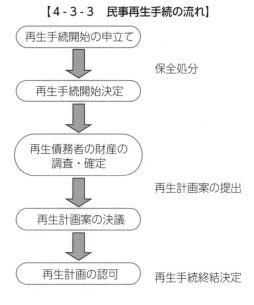

【4-3-3　民事再生手続の流れ】

再生手続開始の申立て

↓　保全処分

再生手続開始決定

↓

再生債務者の財産の調査・確定

↓　再生計画案の提出

再生計画案の決議

↓

再生計画の認可　　再生手続終結決定

いことの2つです。実際に破綻していなくても民事再生手続開始原因となります。

[2] 担保権の扱い

担保権を有する者は原則的に、別除権者として、再生手続による制約を受けないで優先弁済を受けることができます。しかし、こうした再生手続外の権利行使を無制約なものとすると、再生債務者にとって欠くことのできない財産が失われ、再生債務者の事業の再生を害するおそれがあります。

そこで、民事再生法は、担保権実行中止命令制度や担保権消滅制度を定めています。

[3] 債務者の管理処分権

再生債務者（経済的に窮境にある債務者であって、その者について再生手続開始の申立てがされ、再生手続開始の決定がされ、または再生計画が遂行されている者）は、原則として、再生手続開始決定の影響を受けずに、引き続き業務を遂行したり、財産を管理処分したりすることができます。この点、会社更生法では、手続開始後に管財人に権限がすぐに移行するのと異なります。

ただし、裁判所が必要ありと判断すれば、監督委員や管財人を選任して、再生債

務者の財産管理処分等の行為について制限を加えることができます。

3　会社更生法

[1]　会社更生手続の概要

　会社更生法は大企業に照準を合わせた再建型の法的処理手続であり、担保権者や株主を手続に強制的に取り込んだ点に特徴があります。会社更生とは、窮境にはあるものの再建の見込みのある株式会社につき、債権者、株主その他の関係人の利害を調整しつつ、事業の維持・更生を図ることを目的とする裁判上の手続のことをいいます。

[2]　担保権の扱い

　担保された範囲の、会社に対する債権（更生債権）は、更生担保権と呼ばれ、更生手続に従うものとされますので、担保権は制限されます。すなわち、更生担保権について、更生手続によらなければ、弁済をし、弁済を受け、その他免除を除いて、これを消滅させる行為は禁じられます。また、これらの債権は、裁判所に定められた債権届出期間内に届けを出さないと、失効します。

[3]　債務者の管理処分権

　会社の財産の管理・処分権限に限られず、経営する権限も更生管財人に移ってしまい、倒産させた経営者は、そうした権利を失います。更生手続が開始された後は、取引は、会社ではなく、管財人を相手方とすることになり、更生手続開始後に、会社が会社財産に関して行った法律行為は、更生手続との関係では、効力を主張することができなくなります。もっとも、現経営陣が退陣せず、会社更生手続に関与するＤＩＰ型会社更生も認められています。
　ＤＩＰ型会社更生手続を利用するにあたっては、
① 　主要債権者の同意
② 　現経営陣に不法行為等の違法な経営責任がない
③ 　スポンサーとなるべき者がいる場合はその了解がある
④ 　現経営陣の経営関与によって会社更生手続の適正な遂行が損なわれるような事情が認められない
といった要件を満たす必要があります。

♂ Keyword

▶　破産財団
　破産者の総財産の集合体のことをいいます。破産債権者の共同の債権の満足を図るために、その管理処分権は破産者の手から離れ、裁判所の選任する管理

機関である破産管財人に帰属させ、公平かつ平等な清算の財源となります。

▶ 別除権

「破産手続開始の時において破産財団に属する財産につき抵当権等を有する者がこれらの権利の目的である財産について、破産手続によらないで行使することができる権利」のことをいいます。特別の先取特権（動産売買の先取特権等）、質権、抵当権、商事留置権のほか、譲渡担保権や所有権留保も含まれると考えられています。

▶ 否認権

「破産手続開始決定前になされた破産債権者を害する行為の効力を破産財団との関係において失わせ、財団から失われた財産を財団に回復するために破産管財人に与えられた権利」のことをいいます。詐害行為（債務者財産の廉売等、債権者全体に対する責任財産を絶対的に減少させる行為）や偏頗（へんぱ）行為（特定の債権者だけに弁済する等、債権者平等に反する行為）について否認権を行使することができます。

▶ 担保権実行中止命令制度

再生債権者の一般の利益に適合し、かつ、競売申立人に不当な損害を及ぼすおそれがないときに限り、担保権の実行を一定期間（通常は、再生計画の可否を決する債権者集会の時まで）禁ずる制度です。

▶ 担保権消滅制度

債務者の事業継続に欠かすことのできない財産に担保権が付されている場合に、担保権の目的物の価額に相当する金銭を納付して担保権を消滅させることの許可を裁判所に申し立てる制度です。

▶ 民事再生で監督委員や管財人が選任される場合

裁判所は、再生債務者（法人である場合に限る）の財産の管理または処分が失当であるとき、その他再生債務者の事業の再生のために特に必要があると認めるときは、利害関係人の申立てによりまたは職権で、再生手続の開始の決定と同時にまたはその決定後、再生債務者の業務および財産に関し、管財人による管理を命ずる処分をすることができます。

▶ 更生担保権

更生手続開始決定当時、会社財産の上に存する特別の先取特権、質権、抵当権、商法による留置権で担保されている範囲の、更生債権または手続開始前の原因に基づいて生じた第三者に対する請求権のことをいいます。

【4-3-4 破産手続と民事再生手続および会社更生手続との比較】

	破産手続
目 的	債務者の財産等の清算
概 要	清算型手続:裁判所の監督下、破産管財人により、債務者の総財産（個人の場合には自由財産を除く）を換価し、配当を通して債権者に公平に分配する。
対 象	限定なし （相続財産も対象となる）
財産の管理権者	破産管財人
開始原因	(1)支払不能（＝支払能力の欠如により弁済期にある債務を一般的かつ継続的に弁済することができない状態にある） (2)債務者が法人である場合には債務超過も開始原因。
債権の区分	(1)破産債権（配当を通じてのみ権利行使可） (2)財団債権（随時弁済する）
担保権の取扱い	破産手続によらずに行使することができる（別除権）。破産手続において破産債権として行使できるのは、被担保債権のうち担保権の行使によって弁済を受けることができない債権の部分に限られる。
計画の成立要件	
可決要件	

民事再生手続	会社更生手続
事業または経済生活の再生	事業の維持更生
再建型手続：裁判所の監督下、基本的に債務者本人が事業および経済生活を継続し、可決・認可された再生計画に従って事業または経済生活の再建を図る。	再建型手続：裁判所の監督下、管財人が会社の事業の経営および財産の管理処分に当たり、更生計画の可決・認可およびその遂行を通じて、事業の再建を図る。
限定なし（事業または経済生活の主体となりえる者）　※特に個人を対象とする手続（小規模個人再生手続および給与所得者等再生手続）がある。	株式会社のみ
再生債務者（DIP型） ※監督委員による監督の制度がある。 ※事業の再生のために特に必要があるときは、管財人による管理が裁判所により命ぜられる。	裁判所の選任した管財人（管理型）（経営者は退陣が原則） ※DIP型会社更生 　（経営者が退陣せず更生計画に関与する）
(1)破産の原因となる事実の生ずるおそれがあるとき (2)事業の継続に著しい支障を来たすことなく弁済期にある債務を弁済することができないとき	(1)破産の原因となる事実の生ずるおそれがあるとき (2)弁済期にある債務を弁済することとすれば、その事業の継続に著しい支障を来たすおそれがあるとき
(1)再生債権（再生計画によってのみ弁済等可） (2)一般優先債権（一般の先取特権その他の優先権のある債権（随時弁済する）） (3)共益債権（随時弁済する） (4)開始後債権	(1)更生債権（更生計画によってのみ弁済等可） (2)更生担保権（更生会社の財産につき存する担保権によって担保される債権。更生計画によってのみ弁済等可） (3)共益債権（随時弁済する） (4)開始後債権
競売等の権利行使により再生手続によらずに行使することができる（別除権）。	更生手続に取り込まれ、更生計画の中で弁済を受ける。更生会社の財産につき存する担保によって担保される債権で、担保目的財産の価額に相当する部分は、更生担保権として、更生債権より優先的に扱われる。
(1)再生債権者の決議による再生計画案の可決 　＋ (2)裁判所の認可	(1)更生債権者、更生担保権者、株主の決議による更生計画案の可決 　＋ (2)裁判所の認可
出席した再生債権者等の過半数で、債権総額の2分の1以上の同意	(1)更生債権者 　債権総額の2分の1超の同意 (2)更生担保債権者 　①期限猶予を定めるもの：議決権総額の3分の2以上の同意 　②減免等の権利変更を定めるもの：議決権総額の4分の3以上の同意 　③更生会社の事業全部の廃止を定めるもの：議決権総額の10分の9以上の同意

☑チェック問題

　裁判所は会社更生手続開始決定と同時に、必ず管財人を選任しなければならない。ＤＩＰ型の倒産手続である更生手続では、旧経営者は管財人になることができる。　　　　　　　　　　　　　　　　　　　　　　　　　⇒○

4 民法
債務不履行

学習事項 債務不履行，債務不履行の３つの類型，債権者代位権，詐害行為取消権

このテーマの要点

債務不履行の３つの類型を理解！

契約は履行されないこともあります。債務者が債務の本旨に従った債務の履行をしないことを債務不履行といいます。また、債務不履行にはいくつか類型があり、それぞれ特徴は異なります。本テーマでは債務不履行の概念を理解し、それぞれの類型と、債務不履行の要件を学習します。

過去問 トライアル	オリジナル問題
	債務不履行
類題の状況	R02-Q19　H15-Q14

債務不履行に関する説明として、<u>最も不適切なもの</u>を選べ。

ア Aが、売買契約に基づいてB宅に美術品を運ぶ途中で、自分の不注意でその美術品を毀滅した。この場合、BはAに対して、債務不履行に基づく損害賠償請求ができる。

イ Cは、Dから試験で使用するテスト教材の発注を受けて教材の発送をしたが、Cの発送手続きが遅れたために、テスト実施日の２日後にテスト教材が試験会場に届き、試験を実施できなかった。DはCに対して、債務不履行に基づく損害賠償請求ができる。

ウ Eは、Fに対して機械に使用する部品を500個発注したが、Fの落ち度によって300個しか納品できなかったため、Eは予定台数の半分程度しか機械を完成させることができなかった。このため、Eは第三者に予定数の機械を販売できなかった。EはFに対して、債務不履行に基づく損害賠償請求ができる。

エ Gは、売買契約に基づいてHの所有する工場に機械を運ぶ途中で前方不注意の第三者が運転するトラックに追突されたため、機械が故障して納期までに工場に届けることができなかった。HはGに対して、債務不履行に基づく損害賠償請求ができる。

1 債務不履行

[1] 債務不履行の類型

　債務不履行とは、債務者の帰責事由によって、債務者が債務の本旨に従った債務の履行をしないことをいいます。すなわち、債務者の責めによって契約が履行されないことを指します。この場合、債権者は、本来の給付に代わる損害の賠償（填補賠償）、または本来の給付とともにする損害の賠償（遅延損害）を請求することができます。債務不履行は３つの類型に分かれます。

❶履行遅滞

　履行遅滞とは、履行が可能であるのに債務を履行しないことをいいます。この場合、損害賠償請求、契約の解除（相当の期間の催告が必要）を行うことができます。

　ただし、債務の不履行がその契約及び取引上の社会通念に照らして軽微な場合には、契約の解除はできません（軽微性の抗弁）。

❷履行不能

　履行不能とは、債権成立後に債務者の責めに帰すべき事由によって履行ができなくなることをいいます。債権成立時は履行が可能であったものが、その後は債務者が債務履行をできなくなることを指します。この場合、損害賠償請求、契約の解除（催告は必要なし）を行うことができます。

❸不完全履行

　不完全履行とは、債務の履行として履行がなされながら、それが債務の本旨に従ったものではない不完全な場合をいいます。債務履行はしたが、不完全な履行であることを指します。不完全履行の時点で、履行が可能な場合は損害賠償請求、契約の解除（相当の期間の催告が必要）を行うことができます。なお、この場合も、履行遅滞と同様、軽微性の抗弁により、契約の解除ができない場合があります。一方で、履行が不可能な場合は損害賠償請求、契約の解除（催告の必要はなし）を行うことができます。

【4-4-1 債務不履行の類型ごとのまとめ】

	内容	具体例
履行遅滞	履行が可能であるにもかかわらず正当な理由がなく、債務者に責任があり債務を履行しないで期限が過ぎた場合。	住宅の売主が買主に対して、住宅を約束の期日に引き渡さない。
履行不能	契約成立後に、債務者側に正当な理由がなくて履行が不可能になった場合。	住宅の引渡し前に、売主が住宅を喪失させてしまった。
不完全履行	債務者が履行はしたものの部分的なもので、債務者に責任がある場合。	納品した菓子類に数量不足があったり、消費期限が過ぎていたりした。

　不完全履行において、履行が可能であれば履行遅滞に、履行が不可能であれば履行不能に準じた効果になります。

[2] 債務不履行の要件

　債務不履行の要件としては、①債務の本旨に従った履行がないこと、②債務者に帰責事由があること、および③債務の不履行が違法であることを必要とします。
　「責めに帰すべき事由」とは、債務者の故意・過失または信義則上これと同視すべき事由のことです。

2　債権者代位権・詐害行為取消権

　民法では、債権者が債権を回収する手段として、債務者の財産を保全することで債権者が債権を回収することを容易にする制度があります。

❶ 債権者代位権

　債権者代位権は、債務者がその財産権を行使しない場合に、債務者に代わってその権利を行使して債務者の責任財産（一般財産）の維持・充実を図る制度のことをいいます。

❷ 詐害行為取消権

　詐害行為取消権とは、債務者の一般財産を積極的に減少する行為を取り消して、その減少を防止して責任財産（一般財産）を保全する制度のことをいいます。

（過去問トライアルの解説）
　債務不履行とは、債務者の帰責事由によって、債務者が債務の本旨に従った債務の履行をしないことをいう。すなわち、債務者の責めによって契約が履行されないことをいう。そして、契約が履行されない場合、債権者は債務者に損害賠償請求ができる。
　債務不履行の要件は、①債務の本旨に従った履行がないこと、②債務者に帰責事

由があること、および③債務の不履行が違法であることを必要とする。

「責めに帰すべき事由」とは、債務者の故意・過失または信義則上これと同視すべき事由のことである。

ア 適切である。 Aが、売買契約に基づいてB宅に美術品を運ぶ途中で、自分の不注意でその美術品を毀滅していることから、Aの過失によって美術品の引渡しができなくなっている。したがって、債務不履行（履行不能）が成立するため、BはAに対して損害賠償請求ができる。

イ 適切である。 Cの発送手続きが遅れたために、テスト実施日の2日後にテスト教材が試験会場に届いていることから、Cの過失によってテストが実施できなくなっている。したがって、債務不履行（履行不能）が成立するため、DはCに対して損害賠償請求ができる。

ウ 適切である。 Eは、Fに対して機械に使用する部品を500個発注したが、Fの落ち度によって300個しか納品できなかったため、Eは予定台数の半分程度しか機械を完成させることができていない。したがって、EはFに対して、債務不履行（不完全履行）に基づく損害賠償請求ができる。

エ 適切でない。 Gは、機械が故障して納期までに工場に届けることができていないが、これは工場に機械を運ぶ途中で前方不注意の第三者が運転するトラックに追突されたためである。このことから、Gに帰責事由はないことになる。したがって、HはGに対して、債務不履行に基づく損害賠償請求ができない。

よって、**エ**が正解である。

過去問 トライアル解答 **エ**

☑チェック問題

債務不履行の場合は、債務者に全責任があるので債権者との間で過失相殺が行われることはない。 ⇒×

▶ 債権者と過失相殺が行われることもある。損害が発生した原因が債権者にもある場合は、損害のすべてについて債務者が負担するわけではなく、債権者の過失に応じて債務者の責任が軽減される（民法418条）。

5 民法
保証契約

学習事項　保証契約，連帯保証契約

このテーマの要点

保証契約と連帯保証契約の性質について、違いを押さえる！

他人の債務を保証した者は、他人が債務を履行しない場合に、その債務を他人に代わって履行する責任を負います。保証には保証契約と連帯保証契約があります。本テーマでは保証契約の性質、および連帯保証契約との違いを学習します。

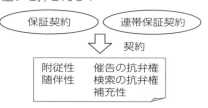

過去問 トライアル	平成30年度　第17問
	保証契約
類題の状況	R02-Q1　R02-Q20　H23-Q12　H20-Q15　H17-Q11

保証に関する記述として、最も適切なものはどれか。なお、別段の意思表示はないものとする。

ア　主たる債務者が破産手続開始の決定を受けた場合、保証契約に基づく支払義務はなくなる。

イ　売買契約の売主の債務不履行によって生じる損害賠償義務は、当該売主のための保証債務の担保する範囲に属する。

ウ　保証契約は、口頭でしても、その効力を生じる。

エ　連帯保証人が債権者から債務の履行を請求されたときは、連帯保証人は、まず主たる債務者に催告をすべき旨を請求することができる。

1 保証契約

　保証債務は、債権者と保証人との間の契約によって締結されるので、主たる債務とは別個の債務になります（保証契約の別個独立性）。

【4-5-1　保証契約の別個独立性】

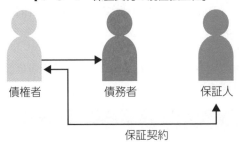

債権者　　　　債務者　　　　保証人

保証契約

① 附従性

　附従性とは、保証債務が主たる債務の存在を前提とし、主たる債務に従たる性質を持つことをいいます。主たる債務が存在しなければ保証債務は成立せず、主たる債務が消滅すれば（弁済・更改・免除等）、保証債務も消滅します。また、保証債務は主債務より重くてはいけない、という性質があります。

② 随伴性

　主たる債務者に対する債権が移転すると、保証に対する債権も随伴して移転します。

③ 補充性

　保証人は、主たる債務者がその債務を履行しない場合に、初めて、その保証債務を履行する責任を負うとの性質があります。このことから、保証人は、債権者からの請求に対して、まず主たる債務者に請求せよという催告の抗弁権と、まず主たる債務者の財産に執行せよという検索の抗弁権を行使できることになっています。

④ 分別の利益

　共同保証人（複数の保証人がいること）は、原則として、主たる債務の額を平等の割合で分割した額についてのみ責任を負います。例えば、AがBに対して100万円の債務を負う場合、C・Dが共同して保証人になったとき、通常は分別の利益があるので、共同保証人C・Dの負担する保証債務は50万円ずつということになります。

連帯保証は、保証人が主たる債務者と連帯して債務を負担する旨合意した保証のことをいいます。保証契約の性質と比べて次のような相違点があります。

① 補充性がない

催告の抗弁権と検索の抗弁権は認められていません。連帯保証人に対して債権者はいきなり請求できます。

② 分別の利益がない

連帯保証には分別の利益が認められていません。債権者は保証人が何人いても、それぞれに全額を請求できます。

⚷ Keyword

▶　**催告の抗弁権**

　債権者の保証人への債務の履行請求に対し、保証人は、まず債務者に請求するよう求めることができます。

▶　**検索の抗弁権**

　債権者が保証人に債務の履行を請求してきた場合、債務者に返済可能な財産があり、強制執行できるものであれば、保証人は債権者に債務者の財産の強制執行を求めることができます。

過去問 トライアル解答 ▶ **イ**

☑チェック問題

　A社の代表取締役Bは、A社のC銀行からの借入金について、連帯保証をしている。このとき、A社が破産宣告を受けた場合、C銀行は代表取締役Bに対して、連帯保証契約に基づく債務の履行を求めることができない。　　　　　⇒×

▶　債権者は連帯保証人に対して直接請求することができる。

6 民法
不法行為

学 習 事 項 　不法行為の成立要件，効果

このテーマの要点

不法行為の要件、原則、効果を押さえる！

　不法行為とは故意・過失により他
人の権利を侵害する行為のことをい
います。不法行為の要件、原則、効
果を押さえると同時に、「債務不履
行」（4−4）と対比しながら学習
を進めることで理解を深めましょう。

過去問 トライアル	平成18年度　第9問（改題）
	不法行為
類題の状況	H20-Q6(2)

　次の文章を読んで、下記の設問に答えよ。

　X社は、ライセンス事業をその主な目的とする会社であり、指定商品・役務を「被服」とし「〇〇〇」の文字からなる登録商標（以下、登録商標「A」という）について、登録商標「A」の商標権者であるYとの間にマスターライセンス契約を締結していた。ただし、専用使用権、通常使用権の登録はなされていなかった。さらに、X社は、Z社との間に登録商標「A」を使用した被服を製造、販売する権限を付与することを内容とするサブライセンス契約を締結し、Z社からロイヤリティおよびミニマムギャランティーを取得し、収入を得ていた。

　ところが、X社は、YがB社に登録商標「A」を譲渡するとの説明をYから受けてこれを信じ、本件マスターライセンス契約と、Z社とのサブライセンス契約を解除した。

　両契約の解除後しばらくして、YとZ社が直接ライセンス契約を締結し、Z社が登録商標「A」を使用したジャケットやシャツ等を販売している事実が判明した。そこで、X社が、Z社に対する事情聴取等の調査をしたところ、次の事実が判明した。

　Z社は、Yから、X社の支払遅延を理由にマスターライセンス契約を解除したので直接契約を締結したいという説明を受けて、X社に問い合わせたところ、誠実な回答が得られなかった。そこで、Z社は事業継続のためやむを得ずYと直接契約し

たのであった。

　なお、Yには、B社に登録商標「A」を譲渡した事実および譲渡する意図はなく、YがX社にした説明の内容は全くの虚偽であり、また、X社はYに対して支払いの遅延をしたことはなく、YがZ社に対して説明した内容は全くの虚偽であった。

（設問）

　X社が主張できるものとして最も適切なものはどれか。

ア　X社はYに対し、不法行為責任に基づき、少なくとも、サブライセンス契約およびマスターライセンス契約が有効であれば本来X社が受け取るはずであったロイヤリティ相当額を、X社が被った損害の賠償として請求することができる。

イ　X社はZ社に対し、不法行為責任に基づき、少なくとも、サブライセンス契約およびマスターライセンス契約が有効であれば本来X社が受け取るはずであったロイヤリティ相当額を、X社が被った損害の賠償として請求することができる。

1　不法行為

　不法行為とは、他人の権利・利益を違法に侵害して損害を加える行為をいいます。不法行為が行われた場合、損害を受けた者は加害者に対し、損害賠償を請求することができます。また、賠償責任を課せられることを考慮して、注意深く行動したり、危険な行為を避けようとすることから、将来の不法行為を抑止する効果があります。

❶過失責任主義

　民法の基本原則として、過失がなければ責任を負わないことになっています。

❷自己責任の原則

　自己の行為についてのみ責任を負い、他人の行為の結果については責任を負わないことになっています。

2　不法行為の成立要件

　不法行為の損害賠償請求は契約を必要とせず、成立するには要件が5つあります。

❶故意または過失に基づくものであること

　「わざと」または「不注意」によって侵害することをいいます。

❷加害者に責任能力があること

❸権利または法律上保護される利益の侵害

❹損害が発生していること

　損害には財産的損害と精神的損害があります。

❺行為と損害との因果関係

因果関係の証明責任は、被害者側にあります。

● OnePoint　**故意・過失**

　故意とは、結果の発生を認識しながらそれを認容して行為するという心理状態をいいます。

　過失とは、損害の発生を予見し防止する注意義務を怠ることをいいます。

3　不法行為の効果

① 損害賠償義務

　原則として、金銭賠償、例外的に原状回復があります。請求権は損害の発生と同時に発生します。

② 損害賠償の範囲

　加害者が賠償すべき損害の範囲は、加害行為と相当因果関係にある範囲で認められています。

● OnePoint　**消滅時効**

　不法行為に基づく損害賠償請求の消滅時効は、損害および加害者を知った時から3年以内で、かつ、不法行為の時から20年以内です。もっとも、人の生命または身体の侵害による損害賠償請求権については、損害および加害者を知った時から5年以内で、かつ、不法行為の時から20年以内と伸張されています。

　以上に対し、債務不履行は権利を行使できる時から、原則として10年以内とされていますが、人の生命または身体の侵害による損害賠償請求権については、権利を行使することができることを知った時から5年以内であり、かつ、権利を行使することができる時から20年以内と、不法行為と同じようにやはり伸張されています。

過去問 トライアル解答　▶　**ア**

☑チェック問題

　不法行為に基づく損害賠償請求は、要件を満たせば、契約関係にない当事者に対して請求が可能となる。　⇒○

MEMO

7 民法　相続

学 習 事 項　法定相続，遺言相続，遺留分，遺留分に関する民法の特例

このテーマの要点

相続の種類と手続を理解する！

　相続とは、自然人の財産法上の地位（権利・義務）を、その者の死後に、特定の者に包括承継させることをいいます。中小企業の経営において「事業承継」に関する施策等も多く、そこには民法の相続に関する知識も重要になってきます。相続には、法律の規定に基づいて生ずる相続や、死亡者の最終意思に基づいて生ずる遺言相続等があります。本テーマでは、それぞれの概略および手続等について学習します。

過去問 トライアル	平成20年度　第2問
	相続法
類題の状況	R05-Q17(1)(2)　R05-Q6(再)　R03-Q7(1)　R01-Q21　H30-Q20 H29-Q5　H28-Q4　H27-Q5　H27-Q17　H25-Q4(2)　H24-Q5 H24-Q12　H20-Q5

　平成20年8月1日、中小企業診断士であるあなたは、顧客から以下の相談を受けた。このときのあなたの回答として最も適切なものを下記の解答群から選べ。

【相談概要】

　平成20年6月10日、父親が死去した。父親は事業（個人事業）を行っていたが、その事業は長男が継ぐことになっている。父の事業は必ずしもうまくいっているわけではなく、若干だが、資産よりも負債の方が多いようだ。次男である私は独自で生計を立てているので、父の負債を一切相続しないようにしたい。

〔解答群〕

ア　あなただけがお父様の負債を相続しないようにするには、家庭裁判所で相続放棄の手続をとらなければいけません。相続放棄の期間は、原則として、相続開始があったことを知ってから3ヶ月以内ですから、急いだ方がよいと思います。

イ　お父様がお亡くなりになってから、100日以内に家庭裁判所で限定承認の手続

をとれば、資産があったときだけ返済すればよいことになりますから、他の相続人の方が反対しても、お一人でその手続をとられた方がよいでしょう。

ウ 現時点で、あなたはお父様の事業には何も関与されていませんから、お父様の負債を負うことは法律上あり得ません。どうしても、気になるのであれば、念のため、お父様の負債だけ放棄する手続を家庭裁判所でとればよいと思います。

エ 相続人全員で遺産分割協議を行って、ご長男が全部相続することにすれば、法律上負債も当然にご長男が相続されたことになって、あなたがお父様の負債を負うことはありませんので、これからゆっくり遺産分割協議を行えばよいと思います。

1 法定相続

遺言がない場合、民法では誰が相続人となるのか、各相続人の相続分について規定しています。

① 相続順位

遺産を相続できる人を法定相続人といい、相続できる範囲と順位が規定されています。

相続権は相続順位の規定があり（配偶者は常に相続人）、上位の順位者が存在する場合、下位者には相続権はありません。

【4-7-1　相続順位と相続割合】

相続順位	相続割合		
第1順位	直系卑属（＝被相続人の子や孫、曾孫） 1／2		配偶者 1／2
第2順位	直系尊属（＝被相続人の父母や祖父母） 1／3		配偶者 2／3
第3順位	兄弟姉妹や甥・姪 1／4		配偶者 3／4

② 相続の承認・放棄

相続される財産には、積極財産と消極財産があります。積極財産はプラスの財産、消極財産とはマイナスの財産のことをいいます。相続財産は放棄することができます。

また、相続の承認には、相続人が無条件で被相続人の権利義務を承継する単純承認と、消極財産を相続した積極財産から弁済し、債務超過の場合は相続人の財産の限度で弁済する責任を負う限定承認、の2つがあります。

相続放棄、限定承認は、相続開始を知った時から3ヶ月以内に手続が必要です。

2 遺言相続

遺言は効力を生じさせるためには、一定の厳格な方式に従わなければなりません。つまり、せっかくの遺言が無効とならないためにも、必ず法律で定められた方式によらなければならないとされています。

❶自筆証書遺言

遺言者が遺言の全文、日付および氏名を自署し、押印します。

❷公正証書遺言

公証人が作成する遺言書で、公文書として保管されます。証人2人以上の立会いが必要になります。原本は、20年間または遺言者が100歳に達するまでのどちらか長い年数、公証役場に保管されます。

❸秘密証書遺言

遺言の内容を推定相続人に知られたくない場合、遺言書は遺言者が作成し、封筒に入れ、証人2人以上の立会いのもと公証役場で、そこに遺言書を提出した年月日を記載した後、公証人・遺言者・証人が署名押印します。

3 遺留分

❶遺留分

生前の被相続人は、遺言などの意思表示により相続財産を自由に処分できますが、反面、残される家族の生活を脅かす可能性もあるので、その相続人の権利をある程度保護するためのものが遺留分です。遺留分とは法律の定めにより相続人が相続できる最低限の割合のことで、その割合は以下の通りです。

- 配偶者・直系卑属のどちらか一方でもいる場合：被相続財産の2分の1
- 直系尊属（父親・母親）だけの場合：相続財産の3分の1
- 兄弟姉妹：遺留分はありません

❷遺留分減殺請求権の不都合性

遺留分算定の基礎財産には、生前に贈与された財産も合算されます。なお、子供や配偶者など法定相続人への贈与は、特別受益として相続の前渡し分となりますので、原則として何年前のものであっても合算の対象となり、遺留分算定基礎財産に算入されます。そして、重要なのは、この合算される贈与財産の評価時点は、贈与時でなく相続開始時となります。つまり、後継者に生前贈与された株式の価値が、後継者の貢献により上昇した場合でも、当該価値上昇分も遺留分減殺請求の対象となります。後継者が事業を頑張れば頑張るほど、後継者以外の人の遺留分が増えるという皮肉な結果が生じてしまい、後継者の経営意欲を阻害します。

③ 遺留分減殺請求権の不都合性の回避

　以上のような不都合に対して、平成30年7月に民法の相続分野の法改正があり、改正法（施行は平成31年7月）では、遺留分返還方法について、遺留分減殺請求という形ではなく、遺留分侵害額の請求（遺留分侵害請求権：遺留分を侵害された額に見合うだけの金銭を請求することのできる権利）とされています。

　このように遺留分を金銭で返還してもらえるのであれば、計算も簡単で不動産が共有になることもなく、以前のような事業承継の問題が残るおそれもありません。

　また、旧法では、遺留分の基礎財産に含める贈与の期間制限はなく、時期を問わず遺留分算定の基礎となる財産の価額に含めるとされていました。つまり、相続人に対する特別受益に該当する贈与は、相続開始の何年前になされたものであっても、基本的に遺留分算定の基礎となる財産に含められていました。これに対し、改正法では、相続人に対する贈与は、相続開始前の10年間にされたものに限り遺留分の基礎財産に含めることとなりました。

　これにより、相続人に対し、相続開始より10年以上前に贈与された財産は、遺留分を算定するための財産の価額に含まれないことになっています。

　図表4-7-2の場合、甲の子供としてA以外にBおよびCがいるケースでは、遺留分算定基礎価格が15,000万円なので、A、BおよびCを合わせて7,500万円が遺留分の対象となります。そうすると、BおよびCには現金5,000万円を渡せばよいので、従前のように2,000万円分の自社株式を譲渡する必要がありません。結果として、相続に伴う株式分散によって会社の経営に深刻な影響を与える可能性がなくなっています（贈与時期は、相続開始より10年たっていないことが前提となります）。

　なお、遺留分権利者から金銭請求を受けた受遺者または受贈者が、金銭を直ちに準備できない場合には、受遺者等は、裁判所に対し、金銭債務の全部または一部の支払につき期限の許与を求めることができます。

【4-7-2　遺留分算定基礎財産　民法】

4　遺留分に関する民法の特例

　民法（相続法）とは別に、事業継承をスムーズにするために、中小企業経営承継円滑化法において「遺留分に関する民法の特例」が定められました。一定の要件を満たす後継者が、遺留分権利者全員との合意および所要の手続（経済産業大臣の確認、家庭裁判所の許可）を経ることができれば、民法の特例の適用を受けることができます。民法の特例には、以下の❶生前贈与株式を遺留分の対象から除外（除外特例）、❷生前贈与株式の評価額をあらかじめ固定（固定特例）があります。なお、除外特例と固定特例は、どちらか一方しか使えないというわけではありません。一部の自社株式を除外特例の対象とし、残りを固定特例の対象とすることもできます。また、除外特例や固定特例に併せて、一定の財産を遺留分の対象から除外することもできます。

❶生前贈与株式を遺留分の対象から除外（除外特例）

　先代経営者の生前に、経済産業大臣の確認を受けた後継者が、遺留分権利者全員との合意内容について家庭裁判所の許可を受けることで、先代経営者から後継者へ贈与された自社株式その他一定の財産について、遺留分算定の基礎財産から除外することができます（円滑法4条1項1号）。なお、遺留分放棄は当事者全員が個別に家庭裁判所に申立てを行うことが必要ですが、この手続については、後継者が単独で申立てができるため、非後継者の手続は簡素化されます。

　この除外特例により、贈与株式が遺留分侵害額請求の対象外となるため、相続に伴う株式分散を未然に防止することができます。事業継続に不可欠な自社株式を後継者に集中させることができます。

　先の例でいうと、除外特例が適用されると、遺留分算定基礎価格が3,000万円に限定されますので、遺留分額は、BおよびCそれぞれ500万円ずつということになります（下図参照）。

【4 - 7 - 3　遺留分算定基礎財産　除外特例】

② 生前贈与株式の評価額をあらかじめ固定（固定特例）

　経済産業大臣の確認を受けた後継者が、遺留分権利者全員との合意内容について家庭裁判所の許可を受けることで、遺留分の算定に際して、生前贈与株式の価額を当該「合意時の評価額」であらかじめ固定することができます（円滑法4条1項2号）。後継者の貢献による株式価値上昇分が遺留分侵害額請求の対象外となるため、経営意欲が阻害されません。「合意時の評価額」は、その適切性を担保するため、弁護士、公認会計士、税理士が合意の時における相当な価額として証明したものに限られます。

　この場合には、先の例でいうと、遺留分算定基礎価格が6,000万円になりますので、遺留分額は、BおよびCそれぞれ1,000万円ずつということになります（下図参照）。

【4-7-4　遺留分算定基礎財産　固定特例】

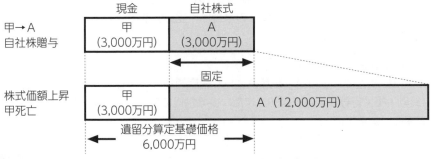

③ 一定の財産を遺留分の対象から除外

　上記除外特例や固定特例に併せて、一定の財産を遺留分の対象から除外することもできます。

- 後継者が取得した株式等以外の財産に関する遺留分の算定にかかわる合意

　　上記除外特例や固定特例の合意をする際に、併せて、先代経営者の推定相続人全員の合意をもって、書面により、後継者が先代経営者からの贈与等により取得した株式等以外の財産（事業用不動産や現預金等）について、遺留分算定基礎財産から除外する旨の定めをすることができます（円滑法5条）。

　　これは、後継者が先代経営者からの贈与等により取得した株式等以外の財産で、事業活動を継続していくために必要なものについても、後継者が確保できるようにし、経営承継の円滑化をよりしやすくするためです。

- 非後継者が取得した財産に関する遺留分の算定にかかわる合意

　　上記除外特例や固定特例の合意をする際に、推定相続人間の衡平を図るための措置として、先代経営者の推定相続人全員は、非後継者が先代経営者からの贈与等により取得した財産（自宅不動産など、代償財産）について、遺留分算定基礎財産から除外する旨の定めをすることができます（円滑法6条2項）。

民法特例にかかわる合意の対象を、後継者が先代経営者からの贈与等により取得した株式等やその他の財産に限定すると、後継者が一方的に利益を得る制度となってしまい、後継者と非後継者との間の衡平を害し、非後継者の同意を得るのが困難となります。このため、非後継者が先代経営者からの贈与等により取得した財産についても、遺留分算定基礎財産から除外する旨の定めをすることができることとしています。

⚷ Keyword

▶　代襲相続

　第1順位の相続人となる子が、相続の開始前に既に死亡している場合や相続権を失った場合は、その子の子（孫）が代わって相続できます。もし、その孫も既に亡くなっている場合は、その孫の子である曾孫が代襲する（再代襲相続）ことになります。一方で、兄弟姉妹の場合は、兄弟姉妹の子である甥や姪までで代襲は終了します（1回だけ）。

▶　直系尊属・直系卑属

　直系尊属とは、被相続人を基準として親族関係において前の世代にある血族（父母・祖父母等）をいいます。また、後の世代にある血族（子・孫等）を直系卑属といいます。

過去問 トライアル解答 ▶ ア

☑チェック問題

　相続の放棄は、相続開始前にもできるがその場合には、その旨を家庭裁判所に申述しなければならない。　　　　　　　　　　　　　　　　　　⇒×

▶　相続放棄は、相続人が自己のために相続の開始があったことを知った時から3ヶ月以内にしなければならない。相続開始前にしても効力を生じない。

索　引

2025年版 出る順中小企業診断士
FOCUSテキスト&WEB問題 5 経営法務

2014年3月25日　第1版　第1刷発行
2024年7月25日　第11版　第1刷発行

編著者●株式会社　東京リーガルマインド
　　　　LEC総合研究所　中小企業診断士試験部

発行所●株式会社　東京リーガルマインド
　　　　〒164-0001　東京都中野区中野4-11-10
　　　　アーバンネット中野ビル
　　　　LECコールセンター　☎0570-064-464
　　　　　受付時間　平日9：30～20：00/土・祝10：00～19：00/日10：00～18：00
　　　　　※このナビダイヤルは通話料お客様ご負担となります。
　　　　書店様専用受注センター　TEL 048-999-7581 / FAX 048-999-7591
　　　　　受付時間　平日9：00～17：00/土・日・祝休み
　　　　www.lec-jp.com/

印刷・製本●倉敷印刷株式会社

LEC中小企業診断士講座のご案内

1次2次プレミアム1年合格コース

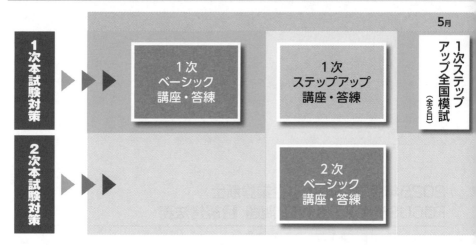

5月

1次本試験対策 ▶▶▶ 1次ベーシック講座・答練 → 1次ステップアップ講座・答練 → 1次ステップアップ全国模試（全2日）

2次本試験対策 ▶▶▶ 2次ベーシック講座・答練

POINT 1

頻出テーマに絞りコンパクトに学習する！

1次試験は科目数も多く、その範囲は広大です。
一方で、過去の試験の出題を分析してみると、理解しておくべき重要な論点は、毎年のように出題されているのが分かります。LECでは、出題頻度で学習テーマを絞り込み、段階的に、試験までに万全な対策をとるカリキュラムを採用しています。

一般的な学習スタイル　　LECの学習スタイル

手を広げ過ぎて　　　学習範囲を
間に合わない可能性が！　頻出テーマに凝縮！

これをかなえるのがLECのFOCUSテキスト

POINT 2

3ステップ学習でムリなく修得できる！

ベーシックで基礎知識を、ステップアップでは応用知識の上積みを、アドバンスで最新の出題傾向を踏まえた総仕上げを行います。3つの時期、段階に分けることで反復効果による知識定着を図りつつ、ムリなく知識を修得できます。

"Basic ▶ Step up ▶ Advance"
と順を追ってレベルアップ

3 Advance 直前対策期（60点）
2 Step up 応用力養成期（～60点）
1 Basic 基礎完成期（～50点）

POINT 3

早期の2次対策で1次との融合学習を狙う！

1次試験と2次試験を別の試験と考えがちですが、1次の知識をいかに応用できるかが、2次試験です。2次試験に関連性が強い1次試験科目の学習を終えた段階で、早期に2次対策を始めることで、1次試験の復習をしつつ、2次試験の学習期間が確保できるようになっています。

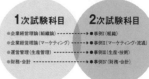

[1次と2次の融合学習]
融合学習を行うことにより、1次、2次ともに得点アップ！

1次試験科目　　　　　　**2次試験科目**

●企業経営理論（組織論）→ ●事例Ⅰ（組織）
●企業経営理論（マーケティング）→ ●事例Ⅱ（マーケティング・流通）
●運営管理（生産管理）→ ●事例Ⅲ（生産・技術）
●財務・会計 → ●事例Ⅳ（財務・会計）

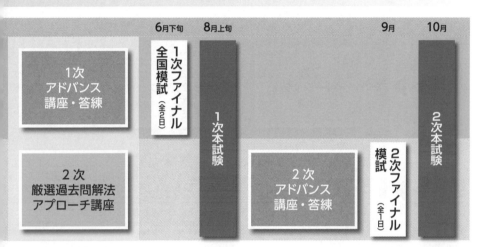

	6月下旬	8月上旬		9月	10月

1次アドバンス講座・答練

1次ファイナル全国模試（全2日）

1次本試験

2次厳選過去問解法アプローチ講座

2次アドバンス講座・答練

2次ファイナル模試（全1日）

2次本試験

POINT 4 受験を知り抜いた講師陣が合格へと導く！

1次試験は7科目あり、合格者の中でも得意、不得意があるのも事実です。LECでは実務家講師がそれぞれ専門の科目を担当します。また、2次対策はゼミ形式の講義で、受講生同士が互いに切磋琢磨できる環境になっています。講師自らが添削をするので、個々の改善点を見つけ出していきます。

POINT 5 充実のフォロー制度で合格に近づく！

通学には通信教材が付き、予習、復習がしやすくなっています。初級講座の1次重要科目に「Web講座講師フレックス制」を採用、また、生講義のzoom配信により、講師の選択の幅が広がり、2人目、3人目の講師で理解の深堀が可能です。「Web動画ダウンロード」「15分1テーマ講義スタイル」「ぽち問」でスキマ時間の活用、「教えてチューター」で質問など、多彩な学習環境を提供しています。

※本カリキュラムは、本書発行日現在のものであり、講座の内容・回数等が変更になる場合があります。予めご了承ください。

LEC中小企業診断士講座のご案内

2次上級合格コース ～テクニックじゃない!

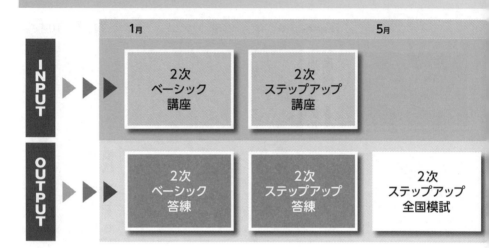

	1月		5月
INPUT ▶▶▶	2次ベーシック講座	2次ステップアップ講座	
OUTPUT ▶▶▶	2次ベーシック答練	2次ステップアップ答練	2次ステップアップ全国模試

POINT 1　LECメソッドを学ぶ

2次試験の解答は、いうなれば「経営診断報告書」です。与件文を「環境分析の資料」、設問文を「診断先企業の課題」として捉えることが肝要です。ベーシックレベルでは、①与件の整理・把握②問題点の深堀り③事例企業の方向性検討を中心に、LECオリジナルツール「事例整理シート」の使い方、「設問構造図」の考え方などを学びます。

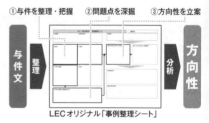

①与件を整理・把握　　②問題点を深掘　　③方向性を立案

LECオリジナル「事例整理シート」

POINT 2　ストーリー展開と1.5次知識の整理を図る

与件文には、事例ごとに特徴が存在します。また、同じ事例においてもストーリー展開に合わせた切り口、着眼点が必要となります。ステップアップレベルでは、事例ごとのストーリー展開を分析、また、解答するうえで必要な1.5次知識(2次試験で必要な1次知識)のセオリー化を図ります。

設問文

LECオリジナル「設問構造図」

POINT 3　1次試験後の総仕上げ

ベーシックレベルでは「方向性の立案」、ステップアップレベルでは「切り口、着眼点の整理」を中心に学習してきました。アドバンスレベルでは、ベーシック、ステップアップの内容を再確認するとともに、直近の試験傾向から見られる注意点を盛り込みながら最後の仕上げを行います。

本質的な実力を養成する〜

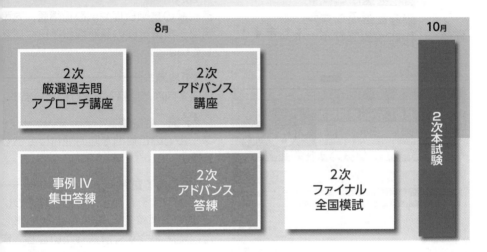

POINT 4 事例IVの重点強化！

事例IVは苦手とする受験生が多い一方で、学習量に比例して実力が伸びやすい科目です。
LECではこの科目を戦略科目と位置づけ、演習量を他の事例より増やすことで効率的に得点力を上げ、他の受験生との差別化を図ります。

POINT 5 2次厳選過去問アプローチ講座の更新！

「過去問に一度は触れたことがある」という学習経験者の方でも、その分析がまだまだ不十分なケースが少なくありません。本講座は、良質な過去問を厳選し、その問題のさまざまな評価の再現答案を見ることができるようになっています。どうすれば高評価を得られるのかを徹底的に分析・解明します。

POINT 6 もちろん！LECの答練・模試はすべてオリジナル新作問題！

カリキュラムを考慮しつつ、基本問題から最新傾向を踏まえた本試験レベルの問題までご用意しています。
過去のLECオリジナル問題や本試験問題から良問を厳選し、問題文、与件文、設問等を加筆修正した問題を出題する場合があります。触れたことがある問題であっても、試験での対応力がしっかり試せる問題になっています。

LEC Webサイト ▷▷▷ www.lec-jp.com/

情報盛りだくさん!

資格を選ぶときも,
講座を選ぶときも,
最新情報でサポートします!

最新情報
各試験の試験日程や法改正情報, 対策講座, 模擬試験の最新情報を日々更新しています。

資料請求
講座案内など無料でお届けいたします。

受講・受験相談
メールでのご質問を随時受付けております。

よくある質問
LECのシステムから, 資格試験についてまで, よくある質問をまとめました。疑問を今すぐ解決したいなら, まずチェック!

書籍・問題集 (LEC書籍部)
LECが出版している書籍・問題集・レジュメをこちらで紹介しています。

充実の動画コンテンツ!

ガイダンスや講演会動画,
講義の無料試聴まで
Webで今すぐCheck!

動画視聴OK
パンフレットやWebサイトを見てもわかりづらいところを動画で説明。いつでもすぐに問題解決!

Web無料試聴
講座の第1回目を動画で無料試聴!
気になる講義内容をすぐに確認できます。

LEC 全国学校案内

＊講座のお問合せ，受講相談は最寄りのLEC各校へ

LEC本校

■ 北海道・東北

札　幌本校　　　☎011(210)5002
〒060-0004 北海道札幌市中央区北4条西5-1　アスティ45ビル

仙　台本校　　　☎022(380)7001
〒980-0022 宮城県仙台市青葉区五橋1-1-10　第二河北ビル

■ 関東

渋谷駅前本校　　☎03(3464)5001
〒150-0043 東京都渋谷区道玄坂2-6-17　渋東シネタワー

池　袋本校　　　☎03(3984)5001
〒171-0022 東京都豊島区南池袋1-25-11　第15野萩ビル

水道橋本校　　　☎03(3265)5001
〒101-0061 東京都千代田区神田三崎町2-2-15　Daiwa三崎町ビル

新宿エルタワー本校　☎03(5325)6001
〒163-1518 東京都新宿区西新宿1-6-1　新宿エルタワー

早稲田本校　　　☎03(5155)5501
〒162-0045 東京都新宿区馬場下町62　三朝庵ビル

中　野本校　　　☎03(5913)6005
〒164-0001 東京都中野区中野4-11-10　アーバンネット中野ビル

立　川本校　　　☎042(524)5001
〒190-0012 東京都立川市曙町1-14-13　立川MKビル

町　田本校　　　☎042(709)0581
〒194-0013 東京都町田市原町田4-5-8　MIキューブ町田イースト

横　浜本校　　　☎045(311)5001
〒220-0004 神奈川県横浜市西区北幸2-4-3　北幸GM21ビル

千　葉本校　　　☎043(222)5009
〒260-0015 千葉県千葉市中央区富士見2-3-1　塚本大千葉ビル

大　宮本校　　　☎048(740)5501
〒330-0802 埼玉県さいたま市大宮区宮町1-24　大宮GSビル

■ 東海

名古屋駅前本校　☎052(586)5001
〒450-0002 愛知県名古屋市中村区名駅4-6-23　第三堀内ビル

静　岡本校　　　☎054(255)5001
〒420-0857 静岡県静岡市葵区御幸町3-21　ペガサート

■ 北陸

富　山本校　　　☎076(443)5810
〒930-0002 富山県富山市新富町2-4-25　カーニープレイス富山

■ 関西

梅田駅前本校　　☎06(6374)500
〒530-0013 大阪府大阪市北区茶屋町1-27　ABC-MART梅田ビル

難波駅前本校　　☎06(6646)691
〒556-0017 大阪府大阪市浪速区湊町1-4-1
大阪シティエアターミナルビル

京都駅前本校　　☎075(353)953
〒600-8216 京都府京都市下京区東洞院通七条下ル2丁目
東塩小路町680-2　木村食品ビル

四条烏丸本校　　☎075(353)253
〒600-8413　京都府京都市下京区烏丸通仏光寺下ル
大政所町680-1　第八長谷ビル

神　戸本校　　　☎078(325)051
〒650-0021 兵庫県神戸市中央区三宮町1-1-2　三宮セントラルビル

■ 中国・四国

岡　山本校　　　☎086(227)500
〒700-0901 岡山県岡山市北区本町10-22　本町ビル

広　島本校　　　☎082(511)7001
〒730-0011 広島県広島市中区基町11-13　合人社広島紙屋町アネックス

山　口本校　　　☎083(921)8911
〒753-0814 山口県山口市吉敷下東 3-4-7　リアライズⅢ

高　松本校　　　☎087(851)341
〒760-0023 香川県高松市寿町2-4-20　高松センタービル

松　山本校　　　☎089(961)1333
〒790-0003 愛媛県松山市三番町7-13-13　ミツネビルディング

■ 九州・沖縄

福　岡本校　　　☎092(715)5001
〒810-0001 福岡県福岡市中央区天神4-4-11　天神ショッパーズ
福岡

那　覇本校　　　☎098(867)5001
〒902-0067 沖縄県那覇市安里2-9-10　丸姫産業第2ビル

■ EYE関西

EYE 大阪本校　　☎06(7222)3655
〒530-0013　大阪府大阪市北区茶屋町1-27　ABC-MART梅田ビル

EYE 京都本校　　☎075(353)2531
〒600-8413　京都府京都市下京区烏丸通仏光寺下ル
大政所町680-1　第八長谷ビル

【LEC公式サイト】www.lec-jp.com/

スマホから
簡単アクセス!

LEC提携校

＊提携校はLECとは別の経営母体が運営をしております。
＊提携校は実施講座およびサービスにおいてLECと異なる部分がございます。

■ 北海道・東北

八戸中央校【提携校】　　　☎0178(47)5011
〒031-0035　青森県八戸市寺横町13　第1朋友ビル　新教育センター内

弘前校【提携校】　　　☎0172(55)8831
〒036-8093　青森県弘前市城東中央1-5-2
まなびの森　弘前城東予備校内

秋田校【提携校】　　　☎018(863)9341
〒010-0964　秋田県秋田市八橋鯲沼町1-60
株式会社アキタシステムマネジメント内

■ 関東

水戸校【提携校】　　　☎029(297)6611
〒310-0912　茨城県水戸市見川2-3092-3

所沢校【提携校】　　　☎050(6865)6996
〒359-0037　埼玉県所沢市くすのき台3-18-4　所沢K・Sビル
合同会社LPエデュケーション内

東京駅八重洲口校【提携校】　　　☎03(3527)9304
〒103-0027　東京都中央区日本橋3-7-7　日本橋アーバンビル
グランデスク内

日本橋校【提携校】　　　☎03(6661)1188
〒103-0025　東京都中央区日本橋茅場町2-5-6　日本橋大江戸ビル
株式会社大江戸コンサルタント内

■ 東海

沼津校【提携校】　　　☎055(928)4621
〒410-0048　静岡県沼津市新宿町3-15　萩原ビル
N-net/パソコンスクール沼津校内

■ 北陸

新潟校【提携校】　　　☎025(240)7781
〒950-0901　新潟県新潟市中央区弁天3-2-20　弁天501ビル
株式会社大江戸コンサルタント内

金沢校【提携校】　　　☎076(237)3925
〒920-8217　石川県金沢市近岡町845-1　株式会社アイ・アイ・ピー金沢内

福井南校【提携校】　　　☎0776(35)8230
〒918-8114　福井県福井市羽水2-701　株式会社ヒューマン・デザイン内

■ 関西

和歌山駅前校【提携校】　　　☎073(402)2888
〒640-8342　和歌山県和歌山市友田町2-145
KEG教育センタービル　株式会社KEGキャリア・アカデミー内

■ 中国・四国

松江殿町校【提携校】　　　☎0852(31)1661
〒690-0887　島根県松江市殿町517　アルファステイツ殿町
山路イングリッシュスクール内

岩国駅前校【提携校】　　　☎0827(23)7424
〒740-0018　山口県岩国市麻里布町1-3-3　岡村ビル　英光学院内

新居浜駅前校【提携校】　　　☎0897(32)5356
〒792-0812　愛媛県新居浜市坂井町2-3-8　パルティフジ新居浜駅前店内

■ 九州・沖縄

佐世保駅前校【提携校】　　　☎0956(22)8623
〒857-0862　長崎県佐世保市白南風町5-15　智翔館内

日野校【提携校】　　　☎0956(48)2239
〒858-0925　長崎県佐世保市椎木町336-1　智翔館日野校内

長崎駅前校【提携校】　　　☎095(895)5917
〒850-0057　長崎県長崎市大黒町10-10　KoKoRoビル
minatoコワーキングスペース内

高原校【提携校】　　　☎098(989)8009
〒904-2163　沖縄県沖縄市大里2-24-1
有限会社スキップヒューマンワーク内

※上記は2024年5月1日現在のものです。

書籍の訂正情報について

このたびは，弊社発行書籍をご購入いただき，誠にありがとうございます。
万が一誤りの箇所がございましたら，以下の方法にてご確認ください。

1 訂正情報の確認方法

書籍発行後に判明した訂正情報を順次掲載しております。
下記Webサイトよりご確認ください。

www.lec-jp.com/system/correct/

2 ご連絡方法

上記Webサイトに訂正情報の掲載がない場合は，下記Webサイトの
入力フォームよりご連絡ください。

lec.jp/system/soudan/web.html

フォームのご入力にあたりましては，「Web教材・サービスのご利用について」の
最下部の「ご質問内容」に下記事項をご記載ください。

> ・対象書籍名（○○年版，第○版の記載がある書籍は併せてご記載ください）
> ・ご指摘箇所（具体的にページ数と内容の記載をお願いいたします）

ご連絡期限は，次の改訂版の発行日までとさせていただきます。
また，改訂版を発行しない書籍は，販売終了日までとさせていただきます。

※上記「2ご連絡方法」のフォームをご利用になれない場合は，①書籍名，②発行年月日，③ご指摘箇所，を記載の上，郵送
にて下記送付先にご送付ください。確認した上で，内容理解の妨げとなる誤りについては，訂正情報として掲載させてい
ただきます。なお，郵送でご連絡いただいた場合は個別に返信しておりません。

　送付先：〒164-0001 東京都中野区中野4-11-10 アーバンネット中野ビル
　　　　　　　　　株式会社東京リーガルマインド 出版部 訂正情報係

> ・誤りの箇所のご連絡以外の書籍の内容に関する質問は受け付けておりません。
>   また，書籍の内容に関する解説，受験指導等は一切行っておりませんので，あらかじめ
>   ご了承ください。
> ・お電話でのお問合せは受け付けておりません。

講座・資料のお問合せ・お申込み

LECコールセンター 📞 0570-064-464

受付時間：平日9:30〜20:00/土・祝10:00〜19:00/日10:00〜18:00

※このナビダイヤルの通話料はお客様のご負担となります。
※このナビダイヤルは講座のお申込みや資料のご請求に関するお問合せ専用ですので，書籍の正誤に関
　するご質問をいただいた場合，上記「2ご連絡方法」のフォームをご案内させていただきます。